빌리브 갓

하나님을 믿는다는 것은
증명하는 것이 아니라
믿는 것이다

빌리브 갓

고성준 지음

BELIEVE IN
GOD

규장

궁금증을 따라 찾아보며
깨달은 기독교 이야기

저는 어려서부터 궁금한 것이 많았습니다. 항상 "그건 왜 그래요?"를 입에 달고 살며 부모님을 지치게 하는 아이였습니다. 부모님을 따라서 다니던 교회에서도 마음속 질문이 끊이지 않았습니다. '정말 하나님이 창조하셨을까? 학교에서는 빅뱅이라는데?', '예수가 정말 세상을 창조한 신일까?', '내가 왜 구원이 필요한 존재지?'라는 질문이 꼬리에 꼬리를 물었습니다. 어쩌면 이 책은 그 궁금함이 만들어낸 결과인지도 모르겠습니다.

크리스천이 되고 목사가 되면서 이 궁금증들은 하나둘씩 해답을 찾아갔습니다. 아직도 궁금한 것이 많고, 지금도 여전히 진리를 찾아가는 학생이지만, 지금까지 깨닫고 알게 된 해답들을 저처럼 궁금해하는 분들과 나누면 좋겠다는 마음이 들었습니다. 왜냐하면 제가 발견한 진리는 성경의 약속대로 저를 많은 묶임에서부터 자유하게 해주었기 때문입니다.

진리를 알지니 진리가 너희를 자유롭게 하리라 요한복음 8장 32절

    무지의 속박, 교만의 속박, 욕심의 속박, 죄의 속박, 두려움의 속박, 허무함의 속박…. 진리를 알아갈수록 얼마나 많은 속박들이 제 삶을 옥죄고 있었는지를 알게 되었고, 그와 동시에 그 진리가 저를 속박에서부터 조금씩 조금씩 자유하게 했습니다. 여러분도 이 자유를 누리시면 정말 좋겠습니다.

증명할 수 있는 것과 믿어야 하는 것

대학에 들어가 수학을 전공하게 되면서, '증명할 수 있는 것'과 '믿어야 하는 것'이 있다는 사실을 알게 되었습니다. 수학에서는 그것을 명제(proposition)와 공리(axiom)로 구분합니다. '명제'란 참과 거짓을 구분할 수 있는 문장, 즉 증명해야 하는 진리인 반면, '공리'는 증명 없이 자명하게 참이라고 인정되는 진술입니

다. 일종의 '믿음'인 셈이지요.

예를 들어 "삼각형의 내각의 합은 항상 180도다"라는 서술은 명제입니다. 증명할 수 있는 문장입니다. 이 명제를 A라고 합시다. 이것은 명제이기에 '왜 삼각형의 합은 180도인지' 증명해야 합니다. 그래서 "그건 삼각형의 외각은 이웃하지 않은 두 내각의 크기의 합과 같아서 그래(이해하지 못하셔도 상관없습니다!)"라는 새로운 명제 B가 증거로 제시됩니다. 그러면 다시 묻습니다. "B는 왜 사실이지?" 그러면 "응. 그건 결국 평행선의 엇각이 서로 같기 때문이야"라는 명제 C가 명제 B의 증거로 제시됩니다.

이런 식으로 계속 물어 나가면 어떻게 될까요? "그럼 C는 왜 사실이지?", "아, 그건 D 때문이야", "그럼 D는?", "응, E 때문이야" 이렇게 가다보면, 결국 더 이상 증명할 수 없는 문장에 다다르게 되는데, 이것을 '공리'(axiom)라고 합니다.

앞의 질문들을 따라가다 궁극적으로 다다르게 되는 공리는

"한 직선과 그 직선 밖에 한 점이 있을 때, 그 점을 지나며 주어진 직선에 평행한 직선은 유일하게 존재한다"라는 '평행선 공리'입니다(물론 이 공리도 모르셔도 됩니다. 이 책의 주제와 관계없으니까요!). 그런데 이 공리는 더 이상 증명할 수 없습니다. 그것은 그냥 모두가 "그렇다"라고 약속하고 '믿는 것'입니다.

그런데 이 '믿음'에 의문을 던졌던 수학자들이 있었습니다. "왜 꼭 평행선이 하나만 존재해야 하지? 평행선이라는 것이 존재하지 않으면 안 돼? 아니면 여러 개 존재하든지." 그래서 공리를 바꿔봤습니다. "어디, 평행선은 존재하지 않는다고 믿어볼까?" 그리고 그 '믿음' 위에 기하학을 전개해봤는데, 놀랍게도 우리가 알고 있는 것과는 완전히 다른 '기하학 체계'를 만들어낼 수 있었습니다. 우리가 알고 있는 '유클리드 기하학'과는 다르지만, 일관성이 있고, 논리적 모순이 없는 전혀 다른 수학 체계를 발견하게 된 것입니다. 그것을 후대 사람들은 '비(非)유클리드 기하학'이라 부르게 되었지요. 우리가 당연하다고 믿고 있던 수학(기하학)의 진리들이, 사실은 '공리계'(axiomatic system) 라는 '믿음'에 기초한 논리적 결과들이었다는 것입니다. 그 기 초가 되는 '믿음'(공리)을 살짝 바꾸어보면, 이전과는 전혀 다른 사실들이 진리가 됩니다. 비유클리드 기하학 체계 속에서는 삼 각형의 내각의 합은 180도가 아닙니다!

창조와 진화에 대한 오랜 논쟁은 어떤가요. 사람들은 창조 를 '종교'라 생각하고 진화를 '과학'이라고 생각하지만, 사실 진화도 증명된 적이 없다는 점에서는 '가설'이고 '믿음'입니다. 마치 수학의 '공리'와 같습니다. 서로 다른 믿음 위에 서로 다 른 진리의 체계를 주장하고 있는 것이지요.

창조론도 진화론도, 각자가 속한 진리 체계 속에서는 '절대 적 사실'처럼 보이겠지만, 서로 다른 체계에 속한 상대방의 주 장에 대해 왈가왈부하는 것은 의미 없는 일입니다. 이 논쟁이 다다르는 곳은, 각자의 진리 체계가 기초하고 있는 '믿음의 충 돌'입니다. 결국 이것은 증명할 수 없는 '믿음'의 영역인 것을 알게 됩니다.

세상에는 증명할 수 있는 것과 믿어야 하는 것이 있습니다. 성경은 '창조'에 대해 설명하지 않습니다. 대신 믿을 것을 요구합니다. 성경은 하나님의 존재에 대해 증명하지 않습니다. 대신 믿을 것을 요구합니다. 성경은 예수 그리스도가 하나님이심을 증명하지 않습니다. 대신 믿을 것을 요구합니다. 왜냐하면 이런 '진리'들은 참과 거짓을 증명할 수 없는 성질의 것이기 때문입니다.

하나님이 '존재하시는 것'을 증명할 수는 없지만, 그렇다고 '존재하지 않는다'라는 것을 증명하는 것도 불가능합니다. 창조냐 진화냐 하는 것도 역시 그렇습니다. 이들은 모두 '믿음'의 영역에 속한, '믿어야 하는 것들'입니다. 하나님이 세상을 창조하셨다고 생각하는 것도 믿음이고, 그렇지 않고 하나님은 없다고 생각하는 것도 믿음입니다. 그리고 성경은 처음부터 솔직하게 이것이 믿음의 문제라고 이야기합니다.

그렇다면 성경의 주장이 사실인 것을 어떻게 믿을 수 있을까요? 이 질문이야말로 긴 이야기의 시작이며, 이 책을 쓰게 된 이유입니다. 제가 왜 기독교인이 되었고, 하나님과 창조를 믿는지 한번 들어보시겠습니까?

이 책은 저처럼 궁금해하시는 분들을 위한 책입니다. 비록 부족하지만, 궁금함을 따라 찾아보며 깨닫게 된 기독교에 대한 이야기를 소개하려 합니다. 이 책을 읽는 여러분이 꼭 하나님을 믿게 되었으면 좋겠습니다. 또한 이미 하나님을 믿으시는 분이라면, 이 책을 통해 우리가 믿는 것이 무엇인지, 그 기초가 단단해졌으면 좋겠습니다. 건물을 지을 때 가장 중요한 것이 기초이듯, 신앙도 마찬가지입니다. 기독교는 무엇을 믿는 것인지 명확히 알고, 그것이 정말 사실임을 믿는 이 기초 말입니다. 기초가 튼튼하지 않은 믿음은 인생에 비가 오고 바람이 불 때 그 믿음의 뿌리까지 흔들려버립니다.

성경은 이 기초에 대해 무엇이라 이야기할까요? 그리고 이 성경의 주장은 정말 사실일까요? 저와 함께 확인해보지 않으시겠습니까? 아직 믿음이 없으신 분이라면 '정말 그런지' 확인해보는 기회가 되었으면 좋겠고, 이미 믿으시는 분이라면 '기초'가 튼튼해지는 기회가 되었으면 좋겠습니다. 한번 들어보시겠습니까?

고성준

프롤로그

에필로그

1

**인간
탐구**

그리스도 예수의 종 바울과 디모데는 그리스도 예수 안에서 빌립보에 사는 모든 성도와 또한 감독들과 집사들에게 편지하노니 하나님 우리 아버지와 주 예수 그리스도로부터 은혜와 평강이 너희에게 있을지어다 **빌립보서 1장 1–2절**

불안과 염려는 중고등학교 때의 제 모습을 돌아보며, 가장 많이 떠올리게 되는 단어들입니다. 어려서부터 말을 심하게 더듬었던 저는, 학교 가는 것이 불안했습니다. 당시에는 학기 초에 담임선생님이 반장을 임명하시고는 했는데, 공부를 곧잘 했던 저는 늘 반장이 되었습니다. 그리고 반장은 매시간 선생님이 들어오실 때마다 일어나서 "차렷! 선생님께 경례!"라는 구령을 외쳐야 했는데, 이 시간이 저에게는 '공포'였습니다. 일어서서 제대로 말을 못 하고 쩔쩔매고 있는 제 모습도 싫었고, 친구들의 조롱도 괴로웠습니다.

　말 더듬는 것뿐만 아니라, 미래에 대한 염려도 저를 괴롭혔습니다. '입시에 실패하면 어떻게 하지? 내 인생은 안전할 수 있을까?' 염려에 염려가 꼬리를 물었습니다. 다행히 서울대학교에 합격하면서 이 염려는 사라지는 듯 보였지만, 이번에는 '허무'라는 함정이 저를 기다리고 있었습니다. 원하는 것을 모두 이룬 것 같았는데, 그 만족과 행복은 채 1년도 지속되지 않았습니다. '인생에서 가장 행복할 것이라 기대했던 순간에 서 있는데, 이 행복이 불과 1년도 못 가는 것이라면, 앞으로 무엇을 이루고 성취한다는 것이 무슨 의미가 있을까?' 삶은 공허했고 미래는 보이지 않았습니다.

'중고등학교 때는 불안과 염려로 십 대를 보냈는데, 대학에서는 허무로 이십 대를 보내야 한다고? 도대체 인생은 왜 이리 부조리로 가득한 거야?' 길지 않은 인생이었지만, 제가 경험하고 관찰한 인생은 '잠깐의 만족과 긴 불안'으로 이루어진 계륵(鷄肋) 같은 존재였습니다. 제 안에는 평강이 없었습니다. 여러분의 삶은 어떠십니까? 평강이 있으십니까?

성경은 이렇게 이야기합니다.

[빌 1:2] 하나님 우리 아버지와 주 예수 그리스도로부터 은혜와 평강이 너희에게 있을지어다

빌립보서를 기록할 당시 사도 바울은 로마 감옥에 갇혀 있었습니다. 억울하게 옥에 갇힌 그는 사형 선고를 받을지도 모르는 절체절명의 위기에 처해 있었고, 실제로 몇 해 뒤, 사형을 선고받아 생을 마감합니다. 그런 바울이 친구들에게 '평강'을 기원하고 있다네요!

빌립보서는 평강 - 마음의 평안에 대한 책입니다. 사도 바울이 누렸던 이 평강, 그리고 제가 찾고 경험했던 이 평강, 불안과 염려에서 저를 구원해준 이 평강이 여러분에게도 있기를 바랍니다.

1. 하나님을 떠난 인간의 현실

성경은 하나님께서 인간을 창조하셨다고 이야기합니다. 그렇기에 인간은 하나님 안에서 살아갈 때 원래 창조하신 목적대로, 정상적으로 작동하게 되어 있습니다. 그리고 그렇게 살아갈 때 인간은 '평강'과 '기쁨'을 누리며 살아가게 됩니다. 그래서 첫 사람 아담과 하와를 두신 곳의 이름이 '에덴' 곧 "기쁨"이었습니다.

그런데 불행하게도 첫 사람이었던 아담과 하와가 하나님을 거부하고 떠납니다. 그 결과, 인간의 삶은 원래 창조주가 디자인한 방식에서 벗어나 오작동하기 시작했습니다. 제가 느꼈던 불안과 염려, 허무는 모두 이런 오작동의 결과였던 것이지요. 성경은 이것을 '원죄'라고 부릅니다.

"아니, 아담과 하와의 잘못 때문에 내가 오늘 이런 고통을 겪고 있단 말입니까?" 글쎄요, 그 이야기는 조금 뒤로 미뤄둡시다. 이것이 아담과 하와의 잘못이든, 아니면 다른 누구의 잘못이든….

　여하튼, 우리는 "하나님이 없다"는 생각이 팽배한 세상 속에 살고 있습니다. 그리고 누구의 잘못인지와 상관없이 그 결과로 인간은 창조주의 원리에서 벗어나 '오작동'하는 인생을 살게 되었습니다. 성경은 인간이 창조주를 떠나면 그 마음이 '부패한다'라고 이야기합니다. 부패했다는 것은 망가졌다는 의미입니다.

　[렘 17:9] 만물보다 거짓되고 심히 부패한 것은 마음이라 누가 능히 이를 알리요마는

　슬프게도 하나님을 떠난 인간의 마음은, 망가져서 정상적으로 작동하지 않게 되었습니다. 그리고 그 결과, 인간의 마음은 기쁨과 평강이 아닌 불안과 염려와 허무로 가득하게 되었습니다. 맞습니다. 하나님을 떠나 망가진 인간의 마음의 '기본값'(default setting)은 '불안과 염려 그리고 허무'입니다. 다시 말해, 특별히 무언가를 하지 않아도 인간의 마음은 그냥 원래 불안하고 허무하다는 것입니다.

2. 두 가지 관계
부패한 인간의 마음에 대해 조금 더 살펴봅시다.

[빌 1:1-2] 그리스도 예수의 종 바울과 디모데는 그리스도 예수 안에서 빌립보에 사는 모든 성도와 또한 감독들과 집사들에게 편지하노니 하나님 우리 아버지와 주 예수 그리스도로부터 은혜와 평강이 너희에게 있을지어다

이 구절은 사도 바울이 빌립보교회의 성도들에게 보낸 편지의 인사말입니다. 대부분의 인사말이 그렇듯이, 여기서 바울은 자신이 누구인지를 소개합니다. 저도 누군가에게 이메일을 보낼 때, "안녕하세요? 저는 수원하나교회의 담임목사 고성준입니다" 이렇게 내가 누구인지를 먼저 소개합니다. '소개'는 내가 나를 누구라고 인식하고 있는지, 또 상대방이 나를 어떻게 인식하기 원하는지 상대에게 '나의 정체성'을 전달하는 것입니다.

그렇다면 사도 바울은 자신을 '어떤 존재'로 인식하고 있었을까요? 빌립보서의 인사말을 보면 그는 자신의 정체성을 두 가지로 정의합니다. 사도 바울이 누렸던 평강의 근원이기도 했던 이 두 가지 정체성은 '그리스도 예수의 종'과 '하나님의 자녀'라는 정체성입니다. 사도 바울은 스스로를 '그리스도 예수의 종'으로, 또 '하나님의 자녀'로 인식했습니다.

(1) 관계가 정체성을 결정한다

'종'과 '자녀'라는 정체성은 모두 '관계'로부터 오는 정체성입니다. "인간은 어떤 존재인가? 나는 누구인가?" 이 질문에 대한 답은 하나님과의 관계에 의해서 결정됩니다. 인간은 독립적인 존재가 아닙니다. 상황과 관계에 의해서 정의되는 존재입니다. 상황과 관계를 모두 제거하고 나면 "나는 누구인가?"를 물을 수 없다는 것입니다.

나는 아내의 남편이며, 자녀들의 아버지이고, 수원하나교회의 목사이며, 대한민국 국민이고, 용인시에 살고 있습니다. 이것이 나를 정의하는 것들입니다. 이렇듯 '상황과 관계'는 내가 누구인지에 대한 '좌표'를 줍니다. 이 좌표계 속에서 나의 위치가 결정됩니다. 좌표가 없이는 나를 정의할 수 없습니다.

그리고 이 좌표계에서 관계는 단 한 가지를 제외하고는 모두 상대적입니다. 제가 아들에게는 아버지이지만 아버지께는 아들이듯이, 상대적입니다. 상대적이 아닌 좌표를 주시는 분은 오직 하나, 하나님뿐이십니다. 하나님이 주시는 좌표만이 절대적인, 변하지 않는 좌표입니다. 그분은 변하실 수 없는 분이기에 그렇습니다.

⑵ 관계는 기쁨과 슬픔의 근원이다

이렇듯 우리의 정체성, 즉 "나는 누구인가?"에 대한 대답은 관계 속에서 정의됩니다. 그리고 이 정체성 또는 관계야말로 우리의 '기쁨'과 '슬픔'을 결정하는 요인입니다. 건강한 정체성(또는 관계)을 가지고 있는 사람의 내면에는 기쁨과 평강이 있지만, 일그러진 정체성(또는 관계)을 가지고 있는 사람의 내면에는 우울과 슬픔, 불안과 고통이 가득합니다. 관계 또는 정체성은 우리 내면의 기쁨과 슬픔을 결정하는 중요한 요인입니다. 예를 들어, 부부관계가 화목한 사람은 늘 기쁘고 행복하지만, 그 관계가 망가진 사람은 우울하고 불안합니다.

그런데 이 관계에도 등급이 있습니다. 모든 관계가 똑같은 강도의 기쁨이나 슬픔을 주는 것은 아닙니다. 중요한 관계일수록 그 관계로부터 기인하는 기쁨도, 슬픔도 커집니다. 예를 들어 피자 배달하는 아저씨와의 관계와 부모님과의 관계가 동일한 강도의 영향을 끼칠 수는 없습니다.

우리가 중요하게 생각하는 관계일수록, 그 관계가 가져오는 기쁨도 고통도 커집니다. 그래서 인생에 일그러진 관계가 있다고 해도, 그것보다 더 크고 중요한 관계가 건강하면 일그러진 관계가 주는 '고통'을 건강한 관계가 주는 '기쁨'으로 극복할 수도 있습니다. 그리고 이 모든 관계 중 가장 중요한 관계,

절대적인 관계가 있는데, 그것은 바로 절대적인 좌표를 주시는 창조주 하나님과의 관계입니다. 그런 의미에서 창조주 하나님과의 관계는 우리 내면의 기쁨과 슬픔을 결정합니다. 다른 기쁨과 슬픔을 뒤덮을 수 있기 때문입니다.

또한 빌립보서 1장 1절과 2절은 이 두 가지 관계와 더불어 관계가 주는 두 가지 선물을 언급합니다. 바로 2절에서 이야기하는 '은혜'와 '평강'입니다. 하나님과의 올바른 관계는 우리 내면에 두 가지 선물, 은혜와 평강을 줍니다. 이 두 가지 관계와 두 가지 선물에 대해 좀 더 깊게 들여다봅시다.

3. 불안

먼저 인간의 마음에 대해 살펴봅시다. 여러분, 하나님은 여러분에게 누구십니까? 이것이 여러분이 무엇을 누릴 것인가를 결정합니다. 사도 바울은 첫째, 하나님을 '아버지'라 부르고 있습니다. 하나님을 아버지라 부를 때, 우리는 '평강' 가운데 거하게 됩니다. 평강을 누리지 못하는 상태가 불안인데, 이 불안은 아버지가 없음에서 오는 불안정, 즉 '고아 됨'에서 오는 불안정이기 때문입니다.

(1) 뿌리가 없음에서 오는 불안

여기서 '아버지'는 단지 육신의 아버지만이 아니라, 나의 근본, 뿌리를 의미합니다. "나는 어디서부터 왔고, 어떤 존재인가?" 이것을 말해주는 존재가 아버지입니다. '하나님 아버지'는 '나'라고 하는 존재의 뿌리를 보여주는 존재입니다.

인간은 '과거'와 '미래'에 의해 '현재'를 살아갑니다. 우리가 살아가는 현재는 과거와 미래에 의해 결정된다는 것입니다. 예를 들어 오늘 내 기분이 정말 더럽습니다. 어제 아내와 크게 다투어서 아내가 친정집으로 갔거든요.

왜 '오늘, 현재' 내가 불쾌한 기분이 듭니까? 과거 때문입니다. 그리고 과거의 과거를 거슬러 올라가면 또 다른 무언가가 있습니다. 어제 왜 아내와 다투었습니까? 아내가 자동차를 긁고 와서, 제가 화를 냈기 때문입니다. "당신은 항상 그래!" 아내가 제일 듣기 싫어하는 말이 "항상 그래!"라는 비아냥거림인데, 그 말을 내뱉은 것이지요.

그러면 아내는 왜 "항상 그래!"라는 말을 그렇게 듣기 싫어할까요? 그 이유 역시 아내의 과거에서 찾을 수 있을 것입니다. 이렇듯 과거의 과거를 계속 거슬러 가다보면, 과거의 '최종 근원지'가 나옵니다. 모든 일의 원인이 되는 과거의 '뿌리'인데요. 이 과거의 근원, 뿌리는 "나는 어디서 왔는가?"라는 것입니다.

이것이 '아버지'가 함축하는 의미입니다.

불안(Angst)

인간은 "나는 어디서 왔는가?"라는 뿌리가 없을 때 또는 뿌리가 무엇인지 모를 때 존재적인 불안을 느낍니다. 실존주의 철학자 키에르케고르와 하이데거는 이것을 '실존적 불안'(angst)이라고 불렀습니다. 하나님을 떠난 인간의 본질은 '불안'이라는 것입니다.

이것은 존재에 대한 본원적 의문에서 나오는 불안입니다. "나는 누구인가?", "나는 어디서부터 왔는가?", "나는 어떤 존재이며 나의 본질은 무엇인가?", "존재의 목적은 무엇인가?" 아무리 물어도 대답이 없습니다. 대답해줄 '아버지'가 없기 때문입니다. 사실 물으면서도, 내가 누구에게 묻고 있는지조차 알지 못합니다. 이 '답 없음'이 우리 마음을 불안으로 채웁니다.

그렇습니다. 아버지의 부재(不在), 아버지라 부를 존재가 없는 것은 존재적 불안을 야기합니다. 내가 누구이며 왜 존재하는지에 대해 대답해줄 존재가 부재하기 때문입니다. 그런 의미에서 이 불안은 '고아 됨의 불안'이라 할 수 있습니다.

존재의 이명

하나님 아버지를 떠나 고아가 된 인간의 마음은 이 불안으로 인해 평안과 기쁨을 누릴 여유가 없습니다. 이 존재적 불안은 일종의 '쉼 없음'입니다. 인간의 마음은 쉴 새 없이 불안의 소음에 휘둘립니다. 마치 쉼 없이 울리는 이명 소리와 같습니다. 저도 이명(耳鳴)이 있는데, 이명은 귀에서 끊임없이 '삐' 소리가 나는 증상입니다. 이 이명 소리는 1년 365일, 24시간 잠시도 끊이지 않고 울립니다. 낮에는 다른 소리에 묻혀 의식하지 못하지만, 밤이 되어 모든 소리가 잠잠해지면 어김없이 들려오기 시작합니다. '삐-' 일정한 주파수로 365일 24시간 울리고 있습니다.

하나님을 떠난 인간의 존재적 불안은 이 이명 소리와 같습니다. 우리 영혼에 잠시도 끊이지 않고 울리는 '불안의 소음'이 있습니다. '삐-'. 바쁜 일상을 살다보면, 일상이 만들어내는 큰 소음들로 인해 마치 아무 소리도 들리지 않는 듯 착각하지만, 일상의 소음이 잦아들면 불안의 일정한 주파수가 어김없이 수면 위로 올라옵니다. '삐-'. 인간 존재의 이명 소리입니다. 존재의 주파 소리이기에 존재하는 한, 피할 수 없는 소리입니다. 아버지가 없는, 그래서 근원과 뿌리를 상실한 인간의 존재적 불안의 소리입니다. 나는 누구이며 어디서 왔는지 물어볼 대상조차 상실한 불안, 이 불안이 만들어내는 소리입니다.

이 소리로 인해 하나님을 떠난 인간에게는 쉼이 없습니다. 시끄러운 음악 소리에서 벗어나면 존재적 이명 소리가 울립니다. '삐-'. 시끄러운 기차 소리에서 벗어나면 어김없이 존재적 이명 소리가 울립니다. 회사에서 돌아와 자려고 누우면 어김없이 존재적 불안의 주파수가 울립니다. 쉴 수가 없습니다. 불안은 인간의 쉼, 안식을 앗아가 버렸습니다. 그것은 뿌리를 상실한 불안이며, 아버지 없음에서 오는 불안입니다. 사도 바울이 하나님을 아버지라 부를 때 그에게는 비로소 '평강'이 임했습니다. 비로소 이명 소리가 그치고 평화와 안식이 임했습니다.

(2) 미래에 대한 불안

불안의 두 번째 이유는 '미래'입니다. 오늘 나의 선택이 미래에 어떤 결과를 가져올지 우리는 알 수 없습니다. 그래서 불안하지요. 키에르케고르는 "자유가 불안을 만들어낸다"고 이야기했습니다.

나에게 뭔가 선택할 수 있는 자유가 있어요. 그런데 이 선택이 어떤 결과를 가져올지 알 수 없습니다. 이것이 불안을 만들어냅니다. '선택을 가능하게 하는 자유라는 능력'이 인간을 인간 되게 하는 본질이라면, 불안은 불가피하다는 것입니다. 그래서 이 불안을 실존적 불안, 존재적 불안이라 부르는 것입니다. 불안이 '존재의 일부'라는 것이지요.

쉬운 예로, 짜장면과 짬뽕 중에서 무엇을 먹을지 고민할 때 불안하지 않습니까? 짜장면을 선택하면 짬뽕 먹지 않은 것을 후회할 것 같고, 짬뽕을 선택하면 짜장면 먹지 않은 것을 후회할 것 같습니다. 도대체 어떤 후회가 더 클까요?

선택이 미래에 미칠 영향이 크면 클수록 불안도 함께 커집니다. 수능이 끝나고 대학에 원서를 넣을 때, 이 존재적 불안은 짜장면과 짬뽕을 선택할 때와는 비교할 수 없이 마음을 옥죄어 옵니다. 그런데 안타깝게도 그 불안은 원서접수가 끝났다고 끝나지 않습니다. 하나님을 떠난 인간 존재의 소리이기에, 존재하는 한 계속 따라다닙니다. 선택해야 하는 순간마다 수면 위로 올라와 우리를 괴롭힙니다. 이 미래가 주는 불안을 우리는 '염려'라고 부릅니다.

맞아요. 과거가 우리에게 '불안'을 준다면, 미래는 우리에게 '염려'를 줍니다. 이 염려는 누군가 우리 선택의 결과를 '보증'해 주어야만 해결될 수 있습니다. "그 선택이 옳아. 후회하지 않을 거야! 그 선택이 너에게 기쁨을 줄 거야!"라고 보증해주는 존재가 있어야만 염려에서 벗어날 수 있습니다. 그리고 그렇게 할 수 있는 분은 한 분밖에는 없습니다.

시간의 창조자, 바로 하나님이십니다. 하나님께서 보증해주실 때 "네 선택이 옳아! 넌 괜찮을 거야!" 그제야 비로소 인간은 미래가 주는 '염려'에서 벗어날 수 있게 됩니다. 그래서 사도 바울은 하나님의 '종'이 되었을 때, 비로소 평강을 얻게 된다고 이야기합니다.

종 된 인간

여러분, 인간은 '독립적으로는 존재할 수 없도록' 지음 받았습니다. 반드시 누군가에게 '의존하도록' 지음 받았는데, 그 누군가는 물론 '하나님'이십니다. 인간은 하나님께 인도하심을 받고, 하나님의 말씀에 순종하도록 지음 받았습니다. 그렇게 하나님의 인도하심을 받고, 하나님께 순종하면 염려할 일이 없습니다! 그냥 하라 하시는 대로 하면 되니까요!

종은 결과에 대해 염려하지 않습니다. 그것은 주인이 알아서 할 일이지, 종은 그냥 시키는 대로 하면 됩니다. 결과는 주인이 책임지는 것입니다. 사도 바울이 빌립보서 서두에서 이 이야기를 하고 있습니다. "그리스도 예수의 종 바울은 … 하나님 우리 아버지 안에서 은혜와 평강을 전하노라!" 하나님을 주인으로 모실 때, 우리는 미래가 주는 염려와 두려움에서 벗어나 평강을 누릴 수 있게 됩니다.

저는 생각이 굉장히 많은 사람이었습니다. 지금도 그렇고요. 제 MBTI가 INTJ인데, 이 성격은, 뭐 하나를 선택하기 위해선 가능한 모든 경우를 다 검토해야 합니다. 하나라도 빠지면 안 돼요. 모든 가능성을 다 찾아보고, 그중에서 최선의 것을 선택하는데, 그것도 혹시 모르기 때문에 플랜 B를 세웁니다. 그러니 얼마나 불안하겠어요. 심지어 작은 물건을 하나 살 때에도 이 프로세스는 예외가 없습니다.

집사람이 얼마 전에 침대 옆에 둘 작은 협탁을 사자고 해서 인터넷을 검색했습니다. 그런데 아내가 대충 열 페이지 정도를 검색하고 나서 고르려고 하더라고요. 열 페이지면 상품 한 백 개 정도 되겠지요. "아니, 벌써 결정해?" "그럼. 열 페이지나 찾아봤잖아!" "에이, 말도 안 돼. 적어도 백 페이지는 찾아봐야지. 더 좋은 게 있으면 어떻게 하려고" 그래서 아직도 협탁을 못 샀습니다.

이처럼 제게는 존재적 불안이 있습니다. 선택이 많으면 많을수록 더 불안해지는 이상한 병, 자유가 주어지면 주어지는 만큼 불안해지는 불치의 병이 있습니다. 이것이 하나님을 떠난 인간의 마음입니다.

그런데 저는 예수님을 믿고 나서, 정말 '구원' 받았습니다. 예전의 저와는 비교할 수 없이 평강을 누립니다. 요즘은 웬만

하면 '뭐 하나님이 알아서 하시겠지!' 그러고 끝냅니다. 얼마나 평안한지! 제가 고민할 것은 딱 하나입니다. '혹시 하나님께 불순종하지는 않았나?' 이것만 안 하면 됩니다. 나머지는? 주인이 알아서 하시는 거지요! 그러니 염려? 필요 없습니다. 물론 아직도 부족하기는 하지만, 그래서 협탁을 못 사고 있기는 하지만, 그럼에도 불구하고 예전과는 비교할 수 없는 평강을 누리고 있습니다. 어떻게요? 하나님을 주인으로 모심으로요! "예수 그리스도의 종 나 고성준 목사는 은혜와 평강을 전하노라!" 이것이 저의 간증이고, 저의 고백입니다!

4. 과거와 미래 사이에 존재하는 현재

인간은 '과거'와 '미래' 사이에서 '현재'를 살아갑니다. 현재는 기쁨 또는 슬픔을 담아내는 그릇입니다. 우리 육체가 느끼는 기쁨(감사, 평화 등)이나 슬픔(우울, 낙심, 절망 등)은 현재에 속한 것입니다. '지금', '현재'의 '나'가 그것을 느끼는 것이지요. 그런데 이 현재의 감정을 결정하는 것은 많은 경우 과거와 미래입니다. 과거와 미래가 어떠하냐에 따라, 지금 내가 누리고 느끼는 감정들이 결정됩니다.

불행하게도 하나님을 떠난 인간의 과거는, 존재의 뿌리가 단절됨으로 인해, 현재를 불안으로 채웁니다. 아버지 없는 '고아 됨'으로 인해 생겨난 불안입니다. 또 하나님을 떠난 인간의 미래는 알 수 없는 미래의 불확실성으로 인해, 현재를 염려와 두려움으로 채웁니다. '주인 없음'으로 인한 염려입니다. 뿌리 없는 과거에서 오는 불안은 영적인 고통입니다. 왜 불안한지 모르겠는데, 그냥 존재론적으로 불안합니다. 나의 근원을 모르는 데서 오는 영적인 고통입니다.

반면 미래에 대한 염려는 마음이 쉬지 못하는 데서 오는 '마음'의 고통입니다. '이거 해도 괜찮을까? 저게 더 좋지 않았을까?' 마음이 쉬지 못합니다. 그리고 이런 불안과 염려로 인해 현재를 살아가는 우리 몸은 고통으로 병들어갑니다. 인간의 영혼육이 모두 고통 속에 있는 것입니다. 이것이 하나님을 떠난 인간의 현실입니다. 하나님을 떠난 인간에게는 기쁨을 방해하는 영혼육의 장애물, 불안과 염려와 고통이라는 기쁨의 장애물들이 있습니다.

5. 두 가지 선물

그런데 '예수 그리스도의 종'이요, '하나님의 자녀'인 바울은 은혜와 평강을 우리에게 전합니다. 두 가지 정체성, 즉 하나님의 자녀와 그리스도 예수의 종이라는 두 관계가 회복될 때, '은혜'와 '평강'이라는 두 가지 선물이 주어진다고 선언합니다.

하나님을 아버지라 부르는 순간, 우리의 '과거가 구속'(救贖, redemption)을 받습니다. '구속'은 "노예가 자유를 얻어 해방되는 것"을 의미합니다. '고아 됨', 뿌리가 없음으로 인해 부평초처럼 떠다니며 끊임없이 불안의 이명을 일으키던 '과거'가 이제 구원을 받아, 새로운 소리를 내기 시작합니다.

그것은 평강의 소리입니다. 그것은 기쁨의 소리입니다. "너는 하나님의 자녀야! 너는 하나님이 사랑하시는 자녀야! 너를 창조하신 분이 계셔! 너를 사랑으로 낳으신 분이 계셔! 그분은 너의 아버지시고, 너의 하나님이셔! 그분이 너를 향한 계획을 가지고 계셔! 너는 복을 누릴 운명을 타고 난 존재야! 너는 모든 기쁨을 누릴 데스티니를 타고난 존재야!" 구속함을 입은 과거가 우리에게 소리칩니다. "그러니 기뻐해! 그러니 즐거워해! 너는 하나님의 존귀한 자녀야! 너는 하나님의 존귀한 성도야! 기뻐하고 즐거워해!" 할렐루야!

또한 사도 바울이 하나님을 나의 주인이라 부르는 순간, '미래'가 구속함을 입습니다. 선택의 결과를 알 수 없음으로 인해 끊임없이 염려와 두려움을 일으키던 미래가 이제 구속함을 입어 새로운 소리를 내기 시작합니다. 그것은 평강의 소리이며, 안식의 소리입니다. "안심해! 하나님이 책임지셔! 불안해하지마. 하나님이 너와 함께하셔! 너의 미래는 찬란할 거야! 너의 미래는 아름다울 거야! 너의 미래는 더 이상 좋을 수 없을 만큼 완전할 거야! 안심해! 안식해! 어둠의 소리에 귀를 기울이지 마. 결과는 하나님이 책임지셔! 그분이 너의 주인이셔!" 구속함을 얻은 미래가, 현재의 나를 향해 소리칩니다. "평안하라! 안식하라! 기뻐하라!" 이것이 사도 바울이 누렸던 평강과 기쁨의 비결이었습니다. 하나님께서는 '은혜'와 '평강'을 주십니다.

6. 고통의 올무

하나님을 떠난 인간은 고통의 올무, 고통의 덫에서 벗어날 수 없습니다. 성경은 이런 우리 영혼을 '사냥꾼의 올무에 걸린 새'라고 이야기합니다. 이 고통의 올무에서 벗어나는 것이 얼마나 불가능한지, 철학자들은 이것을 '존재적 불안'이라 정의했습니다. "존재하는 한 벗어날 수 없는 고통"이라는 뜻입니다. 그래서 우리가 이 고통에서 벗어나 평강을 누리기 위해선 '은혜' 곧 "하나님의 선물"이 필요합니다.

인간이 과거가 주는 고아의 불안에서 스스로 벗어날 수 있을까요? 없습니다. 그래서 하나님께서 아버지가 되어주시는 은혜가 필요합니다.

인간이 미래가 주는 염려에서 벗어날 수 있을까요? 없습니다. 미래를 모르니까요! 그래서 하나님이 우리를 지켜주시고 책임져주시는 은혜가 필요합니다.

인간은 현재 겪고 있는 고통에서 벗어날 수 있을까요? 없습니다. 벗어날 수 있다면, 올무에 걸리지도 않았겠지요.

고통에서 벗어나게 하시는 은혜가 필요합니다. 우리는 은혜가 필요한 존재입니다. 성경은 이야기합니다.

[시 124:7] 우리의 영혼이 사냥꾼의 올무에서 벗어난 새 같이 되었나니 올무가 끊어지므로 우리가 벗어났도다

하나님께서는 올무를 끊으시는 분이십니다! 고통의 올무를 끊으시고, 우리에게 평강을 주시는 분이십니다. 이것이 은혜입니다. 우리는 하나님의 은혜가 필요합니다. 저와 여러분은 은혜가 필요합니다. 과거가 구속되고, 미래가 구속되는 은혜가 필요합니다! 이 은혜가 있어야 비로소 불안과 염려의 저주에서 벗어나 기쁨과 평강을 누릴 수 있습니다. 평강이란 불안과 염려의 올무에서 벗어난 결과입니다. 기뻐하십시오. 하나님께서 여러

분의 아버지가 되어주셨고, 여러분의 주인이 되어주셨습니다!

[빌 1:2] 하나님 우리 아버지와 주 예수 그리스도로부터 은혜와 평강이 너희에게 있을지어다

2

정말 하나님이 창조하셨어?

태초에 하나님이 천지를 창조하시니라
창세기 1장 1절

1. 선포 : 태초에 하나님이 천지를 창조하시니라

성경의 첫 문장인 창세기 1장 1절은 태초에 하나님이 천지를 창조하셨다는 위대한 선언으로 시작합니다. '설득'이 아니라 '선언'입니다. 성경은 "그러니까 이렇고 저렇고 이러저러하니까, 그러므로 하나님은 존재한다. 알겠지?" 이렇게 시작하고 있지 않습니다. 성경은 하나님이 계신 것을 '당연한 것'으로 인정하고, 그 하나님이 천지를 창조하셨다고 '선포'하고 있습니다.

그러므로 이제 공은 우리에게 넘어왔습니다. 이 선포를 '믿음'으로 받아들일 것인지 아니면 거부할 것인지, 내가 선택해야 하는 문제가 된 것입니다. 크리스천이 된다고 하는 것은 단순히 일요일에 교회를 출석하는 것 이상의 의미입니다. 크리스천이란 "하나님이 살아 계시고, 그분이 천지를 창조하셨다"고 하는 선포를 '믿음으로 받아들이는 것'에서 시작합니다. 이것이 기독교의 출발이고 기초입니다.

(1) 믿느냐 마느냐 그것이 문제로다

이 말을 주의 깊게 생각하시기 바랍니다. 이해하는 것이 아니라 '믿는 것'입니다. 저는 성경을 읽기 전까지는, 성경을 읽으면 그 안에 하나님이 계신 것에 대한 증거와 설명들이 쫙 쓰여 있는 줄 알았습니다. 그래서 성경을 읽고 나면 '아, 그래서 하나님이 존재하시는구나!' 이렇게 이해가 되고 설득이 될 줄 알았습니다.

그런데 막상 성경을 읽어보니, 성경은 전혀 우리를 설득하려 하고 있지 않았습니다. 하나님이 존재하시고, 그분이 이 세상을 창조하셨다고 하는 것을 설득하고 설명하고 증명하는 것이 아니라, 그냥 선포하고 있었습니다. 마치 수학의 '공리'(axiom)처럼 말입니다.

그래서 거기에 대한 우리의 반응은 두 가지 중 하나일 수밖에 없습니다. 그 선포를 믿고 동의하든지, 그렇지 않으면 믿지 않든지. 성경은 우리에게 다른 선택의 여지를 주고 있지 않습니다. "하나님이 진짜 계신지, 창조가 맞는지, 진화가 맞는지 한번 토론해보고 논의해보자!" 성경은 이런 여지를 주지 않습니다.

(2) 모든 것은 결국 믿음의 문제다

처음에는 이해하기 어려웠습니다. '나라면 이렇게 안 쓸 텐데….' 제가 하나님이라면, 사람들이 하나님이 계신다는 것을 이해할 수 있도록 자세히 설명했을 것입니다. 그래야 사람들이 성경을 읽어보고 하나님을 믿지요. 그런 의미에서 저는 성경이 그다지 과학적인 책은 아니라고 생각했습니다. 성경은 신앙의 영역에 속한 책이고, 과학의 영역, 그러니까 진짜 진리의 영역은 따로 있다고 생각했습니다.

그러던 어느 날 문득 과학 교과서에 나오는 "태초에 빅뱅이 있어 우주가 시작되었다. 그리고 번개가 번쩍 치면서 단백질 덩어리가 생명을 가지게 되었고, 그것이 진화하여 다양한 생명체들이 되었다"라는 말에도 실은 설명이 없다는 사실을 깨닫게 되었습니다. 증명도 물론 없었습니다. 그냥 '선포'일 뿐이었습니다.

창세기 1장 1절이 "태초에 하나님이 천지를 창조하시니라"라고 선포하듯이, 과학 교과서도 "태초에 빅뱅이 있었고, 진화가 시작되었느니라"라고 선포하고 있었습니다. 그리고 이 과학 교과서의 '선포' 역시 우리에게 빅뱅과 진화를 믿을 것인지, 말 것인지 하는 '믿음의 선택'을 요구하고 있습니다. 결국 성경도 과학 교과서도 모두 우리에게 '믿음'을 요구하는 것입니다.

성경의 창세기나 과학 교과서는 모두 인간의 이성으로는 증명할 수 없는 것들에 대해 일종의 '신앙'을 선포하고 있습니다. 그리고 인간은 이 선포 앞에서 무엇을 선택할 것인지 - 어떤 선포를 믿음으로 받아들이고, 어떤 선포를 받아들이지 않을 것인지를 선택해야 합니다. 두 경우 모두 믿음의 선택일 뿐, 빅뱅은 과학이고, 창조는 신앙이라고 가를 수 있는 문제는 아닙니다.

물론 "진화에는 과학적 증거들이 있어!"라고 말할 분들이 있을지도 모릅니다. 하지만 그것은 직접적인 증거라기보다는 간접적인 증거들입니다. 완전한 과학적 사실은 실험을 통해 입증되어야 하는데, 빅뱅과 진화는 실험이 불가능한 영역이니까요. 그렇기에 빅뱅과 진화는 '가능성이 높아 보이는 가설'일 뿐, 입증된 과학으로 볼 수는 없습니다. 그리고 그 정도 수준의 간접적 증거는 '창조'에 대해서도 찾을 수 있습니다.

한 예로 '엔트로피의 법칙'을 생각해봅시다. 간단히 설명하면, 엔트로피의 법칙은, 인위적인 개입이 없는 한, 자연 세계는 시간이 흐름에 따라 점점 무질서한 방향으로 변해 간다는 법칙입니다. 달리 말해, 인위적 개입이 없이 자연 세계가 저절로 질서를 잡아가는 일은 결코 일어나지 않는다는 것을 뜻합니다. 이를 열역학 제2법칙이라 부르기도 합니다.

그런 의미에서 진화는 엔트로피의 법칙 또는 열역학 제2법칙을 정면으로 위배하고 있습니다. '인위적인 에너지'가 개입되지 않는 한, 모든 자연 세계는 시간이 흐르면서 무질서하게 변해 가는데, 유독 진화의 영역에서만 "시간이 흐름에 따라, 고도의 질서를 갖춘 생명체가 나타났다"는 것을 어떻게 설명할 수 있을까요? 그보다는 오히려 이성을 가지신 하나님이 '인위적'으로 세상의 창조에 개입하셨다고 하는 주장이 열역학 제2법칙에 훨씬 잘 부합되지요. 물론 이 사실만으로 "창조가 사실이다"라고 증명할 수는 없지만, 여하튼 창조를 지지하는 증거도 적지 않습니다.

(3) 과학주의의 가설

18세기 이후 과학 문명이 발전하면서 사람들은 과학으로 입증할 수 있는 사실만을 진리로 받아들이는 '과학주의'를 신봉하게 됩니다. 물리학의 법칙이 우주의 모든 원리와 기원까지 밝혀 줄 것을 기대합니다. 유전공학이 우리가 이해할 수 있는 과학의 용어로 생명의 신비를 설명해주리라 믿습니다. 갈릴레오는 "우주는 수학 문자로 쓰인 책"이라는 말을 남기기도 했습니다.

그러나 정말 모든 것들이 다 과학으로 표현될까요? 그렇다면 인간의 사랑은 어떻게 표현할 수 있을까요? 지진으로 무너져 내리는 집 속에서 아기의 생명을 구하기 위한 엄마의 위대한 희생이 과학의 공식으로 표현될까요? 사람들은 이것마저도 우리 뇌 속에서 일어나는 생물학적, 화학적 반응으로 치환하여 설명하려 합니다. 그러나 저는 '사랑'은 단순한 생화학 반응 이상의 무언가라고 믿습니다. 사랑에는 생화학 반응만으로는 표현될 수 없는, 초월적인 무언가가 있습니다.

성경은 이렇게 이야기합니다.

[요 1:1] 태초에 말씀이 계시니라 이 말씀이 하나님과 함께 계셨으니 이 말씀은 곧 하나님이시니라

태초에 말씀이 계셨다고 이야기합니다. 여기서 '말씀'은 헬라어로 '로고스'(λόγος)라는 단어입니다. 이 헬라어의 정확한 의미는 "우주의 근본이 되는 보편적인 진리, 원리"라는 뜻입니다. 그런데 요한복음 1장 1절에서는 이 태초부터 존재하는 우주의 보편적 진리, 원리가 바로 '하나님'이시라고 이야기합니다. 즉 우주의 가장 근원적인 원리, 모든 원리들의 토대가 되고 기원이 되는 진리는 우리가 생각하는 물리학의 법칙이 아니라, 인격체라는 것입니다.

우주가 어떻게 시작되었는지, 물리학의 법칙들은 어디서부터

왔는지, 생명의 기원이 무엇인지 하는 질문들을 끝까지 따지고 올라가보면, 거기에는 딱딱한 물리학의 법칙으로 표현되는 비인격적인 공식이 있는 것이 아니라, 우리처럼 기뻐하고, 슬퍼하고, 사랑하고, 미워할 수 있는 인격체이신 하나님이 계신다는 것입니다. 그리고 우리가 아는 모든 원리 - 물리학의 법칙, 화학의 법칙, 생물학의 법칙, 심리학의 법칙들은 이 인격체이신 하나님, 하나님의 이성(理性)으로부터 시작되었다는 것입니다. 많은 사람들이 우주의 원리 - 로고스를 비인격적인 원리라고 생각하지만, 성경은 이것이 인격체이신 하나님이라고 말하고 있습니다.

(4) 훨씬 합리적인 가설

사실 곰곰이 생각해보면, 우주의 기원이 인격체이신 하나님이라고 설명하는 것이, 우주가 어떤 물리 현상에 의해 우연히 생성되었다고 이야기하는 것보다 훨씬 자연스럽고 합리적인 설명이라는 것을 알 수 있습니다. 여러분은 어느 것이 더 논리적이라고 생각하십니까? 인격체가 자신의 지혜를 사용해서 비인격적인 공식들을 만들어냈다는 설명이 더 합리적일까요? 아니면 비인격적인 공식들이 모여서 어쩌다보니 더 이상 공식들로는 설명이 안 되는 일들, 사랑하고 미워하며, 고뇌하고 번민하는 인격체인 인간을 형성하게 되었다고 이야기하는 것이 더 합리적일까요? 저는 제 양심상 전자가 더 합리적이라고 생각합니다.

2. 증거가 있는가?

그런데 이렇게 이야기하면 이런 질문을 하시는 분들이 있습니다. "증거 있어?" 하나님만이 진짜 살아 계신 신이라는 증거가 있느냐는 것입니다. 물론 증명할 수는 없습니다. 앞서 이야기 했듯이, 하나님이 세상을 창조하셨다고 하는 것은 궁극적으로는 믿음의 영역에 속한 문제이기 때문입니다.

그런데 이 '믿음'이라는 의미를 좀 더 깊게 살펴볼 필요가 있습니다. 성경을 기록한 히브리인들에게 '믿음'이란, 오늘날 서구 문화에서 이야기하는 '믿음'과는 조금 다른 의미가 있습니다. 서구 문화에서 믿음은 어떤 신조나 이론 등을 사실로 받아들이는 것을 의미하지만, 히브리 문화에서 믿음은 "인격에 대한 신뢰"를 의미합니다. "그 사람은 믿을 만해"라고 이야기할 때의 '믿음'이지요. 그래서 성경에서 '믿음'에 해당하는 단어 '피스티스'(πίστις)는 "충성, 신용, 신실"이란 의미입니다. 충성스러운 사람, 믿음직한 사람을 지칭하는 단어지요. 다시 말해 '믿음'이란, 어떤 사람 또는 인격에 대한 신뢰를 의미합니다.

(1) 역사의 예수

다시 "신이 존재하는가?"라는 질문으로 돌아옵시다. 신이 존재한다는 믿음에 대한 증거가 있을까요? 이론적 또는 과학적 증거는 없습니다. 그러나 히브리적 의미의 증거는 있습니다. 그것은 바로 예수 그리스도라고 하는 역사의 인물입니다.

예수라고 하는 사람이 이 세상에 살았었고, 그 사람이 자신이 곧 하나님이라고 주장했다는 사실을 부정하는 역사가는 없습니다. 더 나아가 예수는 자신이 세상 마지막 날에 다시 오셔서 이 세상을 심판하실 것이라고 주장했습니다. 그의 말 자체가 사실인지는 더 생각해보아야 하겠지만, 적어도 그가 그렇게 주장했다는 것은 역사적으로 확인된 사실입니다. 그렇다면 우리는 예수의 주장에 대해 한번 심각하게 생각해볼 필요가 있습니다. 《나니아 연대기》의 작가로 널리 알려진 영국의 석학 C. S. 루이스는 다음과 같이 말했습니다.

"어떤 평범한 한 남자가 예수가 했던 말들을 그대로 하고 다녔다고 해서 그가 위대한 인류의 스승일 수는 없다. 그는 자기가 삶은 달걀이라고 말하는 사람과 똑같은 수준의 미친 사람이든가, 아니면 지옥에서 온 악마일 것이다. 당신은 선택해야만 한다. 이 사람이 하나님의 아들이었고 지금도 그러하다고 믿든지, 아니면 미친 사람 혹은 그보다 더 끔찍한 사람이라고 믿든지 둘 중의 하나이다. 그러나 그분이 인류의 위대한 스승이었다는, 선심 쓰는 듯한 터무니없는 생각으로 결론을 내리지는 말자. 그분은 그 부분에 대해서는 모호함을 남기지 않았다."[1]

여러분은 어떻게 생각하십니까? 예수를 위대한 인류의 스승으로 생각하십니까? 그렇다면 여러분은 터무니없는 결론을 내리신 것입니다. 예수의 주장과 삶을 통해 우리가 내릴 수 있는 결론은 "그분은 하나님이시다", 아니면 "그자는 정신병자였다" 이 둘 중의 하나입니다. 예수의 주장이 진짜라면 예수는 하나님이시고, 그 주장이 가짜라면 예수는 정신병자이거나 거짓말쟁이일 것입니다.

(2) 예수의 주장이 참인 것을 어떻게 아는가?

그렇다면 예수의 주장이 참인지 거짓인지 어떻게 알 수 있을까요? 일반적으로 어떤 사람의 주장이 참인지 거짓인지를 알려면 어떻게 하십니까? 저는 두 가지를 통해 알게 된다고 생각합니다. 물론 간단한 주장은 확인해보면 쉽게 알 수 있겠지요. 그러나 쉽게 확인해볼 수 없는 문제들에 대해서는 두 가지를 통

---

1 C. S. 루이스, 《순전한 기독교》(홍성사, 2001) pp. 93-94

해 그 진위를 판단합니다.

첫째는 그 사람의 인품입니다. 그 사람이 믿을 만한 사람이냐 아니냐 하는 것이 판단의 중요한 기준이 됩니다. 두 번째는 역사의 판결입니다. 오랜 시간이 지나고 나서 사람들이 그 사람과 그 사람의 주장에 대해서 무엇이라고 평가하는가 하는 것이 중요합니다. 이 두 가지에 비추어 볼 때, 예수는 분명 미친 사람은 아니었습니다. 그분의 인품이나 명성으로 볼 때 미친 사람이었을 가능성은 매우 적습니다. 그리고 역사의 판결에 있어서도, 예수의 주장은 역사상 유래없는 지지를 받습니다. 인류 역사상 예수만큼 역사에 큰 영향을 끼친 인물은 없기 때문입니다.

(3) 부활

그렇다면 "내가 하나님이다"라는 예수의 주장은 사실일 가능성이 큽니다. 이것이 첫 번째 증거입니다. 더군다나 예수는 자신의 주장이 참이라고 하는 것을 '부활하심'으로 증명하셨습니다.

"부활이라고요? 그건 기독교인들이나 믿는 신화 아닌가요?" 여러분은 정말 부활이 종교적 신념이라고 생각하십니까? 부활이 만약 역사적 사실이라면 어떻게 하시겠습니까?

역사적 사실에는, 그에 따르는 역사의 흔적들이 있습니다.

칭기즈칸이 중앙아시아를 정복했었다고 하는 역사적 사실은 흔적을 남깁니다. 기념비가 있고, 역사 기록들이 남아 있고, 그 지역에 몽골의 풍습들이 남아 있고 뭐 이런 것들이지요.

마찬가지로 예수의 부활에도 역사적 흔적들이 있습니다. 이 것이 일종의 증거가 되겠지요. 부활의 증거들에 대한 자료들을 한번 찾아보시기를 권합니다. 이렇게 증거가 많은데도 왜 우리는 세종대왕이 한글을 만드셨다고 하는 것은 철석같이 믿으면서, 예수가 부활하셨다고 하는 것은 믿지 못할까요? 편견 때문입니다. 알아보려고 하지 않기 때문입니다.

저는 예수가 부활하셨다고 하는 것을 믿지 않는 현대인들을 보면, 이런 장면이 떠오릅니다. 집에 불이 났습니다. 부인이 급하게 남편에게 달려와서 이야기합니다.

"여보, 여보, 큰일 났어요. 부엌에 불이 났어요!"

"에이, 그럴 리가 없어. 부엌에 어떻게 불이나."

"아니, 진짜 불이 났어요."

"에이, 그럴 리가 없다니까!"

"한번 와서 보세요. 불이 났다니까요!"

"그럴 리가 없다니까!"

"좀 봐요!!!"

(얼굴을 가리며) "그럴 리가 없다니까!!!"

어쩌면 이것이 오늘날 우리의 모습은 아닐까요? 무조건 아니라고 이야기하기 전에, 좀 더 진지하게 예수에 대해서 알아보아야 하지 않을까요? 그분의 가르침은 무엇이었는지, 그분이 진짜 부활하셨는지, 그리고 그분이 진짜 하나님이신지 우리는 알아보아야만 합니다. 집에 진짜 불이 났다면 큰일이잖아요? 빨리 피하지 않으면 죽습니다. "불이 났을 리가 없어. 나는 그렇게 철석같이 믿어!" 이런다고 불이 사라지지는 않습니다. 이런 사람을 기다리는 것은 죽음밖에 없습니다.

영적인 것도 마찬가지입니다. 성경은 예수가 하나님이시라는 사실을 믿으라고 이야기합니다. 그렇지 않으면 영원한 심판과 지옥이 기다리고 있다고 말합니다. 우리 인생에 불이 난 것입니다. 이 불이 진짜인지 아닌지, 빨리 확인해보지 않으면, 언제 이 불이 집을 다 태우고 내 몸까지 태울지 알 수 없습니다. 여러분의 인생에 대해 좀 더 진지하게 생각해보시기를 바랍니다.

인류 역사상 가장 많은 사람들에게 영향을 끼친 책이 성경입니다. 이것을 부인할 사람은 없습니다. 그렇다면 무엇이 사람들에게 그토록 큰 영향을 미쳤는지 알아봐야 하지 않겠습니까?

성경 안에는 우리가 부인하기 어려운 많은 증거들이 기록되어 있습니다. 문제는 우리가 관심을 가지고 이런 증거들을 검토해보지 않기 때문에 모르고 있다는 것입니다. 여러분의 눈으로 확인해보시기 바랍니다. 혼자 하기 어려운 분들은 주위에 도움을 구하십시오. 어떤 방법이든지, 꼭 확인해보셨으면 좋겠습니다.

3. 하나님이 살아 계신다고 하는 내적 증거

그러나 이런 외적인 증거들이 있다고 해서 사람이 하나님을 쉽게 믿게 되지는 않습니다. 사람은 눈으로 보고, 귀로 들어도 자신 안에 있는 생각들을 쉽게 바꾸지 않는 존재입니다. 많은 과학적 증거에도 불구하고 사람들이 코페르니쿠스의 지동설을 받아들이기까지 수백 년의 시간이 걸렸습니다. 사람의 믿음을 바꾼다는 것은 참 어려운 일입니다. 그래서 아무리 많은 외적인 증거가 있어도, 이것들만 가지고는 하나님이 살아 계신다는 것을 믿는 데 충분하지 않습니다. 외적인 증거와 함께 우리 안에서 일어나는 내적인 증거가 있어야 합니다.

(1) 내적 증거자 성령님

성경은 내적인 증거에 대해서 이렇게 이야기합니다.

> [고전 12:3] 그러므로 내가 너희에게 알리노니 하나님의 영으로 말하는 자는 누구든지 예수를 저주할 자라 하지 아니하고 또 성령으로 아니하고는 누구든지 예수를 주시라 할 수 없느니라

하나님의 영이신 성령께서 우리 내면에 내적인 확신을 주지 않으시면, 누구도 예수님을 하나님이라고 믿을 수 없다는 것입니다. 내적인 확신이란, 말 그대로 내 속에서부터 하나님의 존재가 믿어지고, 예수님이 하나님이시라는 사실이 믿어지는 것입니다. 내가 이해하고 노력해서 믿는 것이 아니라, 나도 모르는 어떤 힘에 의해서, 하나님의 영의 도우심으로 믿어지는 것입니다.

정도의 차이는 있지만, 모든 크리스천들이 이 경험을 합니다. 이것을 논리적으로 설명해보라고 하면 설명이 안 됩니다. 놀라운 것은, 그럼에도 믿어진다는 것입니다. '믿는' 것이 아니라 '믿어진다'고 표현할 수밖에 없습니다. 이것이 성령의 내적 증거입니다.

크리스천이 되기 위해서는 이런 내적 증거를 체험해야 합니

다. 외적 증거만을 가지고 "거 말이 되는 것 같네" 이런 수준의 동의가 아니라, "정말 하나님은 살아 계시는구나! 예수님이 하나님이시구나!"라는, 이해할 수 없지만, 너무나 확실하고 분명한 성령의 내적인 증거가 있어야 합니다. 외적으로 아무리 많은 증거들을 가지고 있어도, 이런 내적 증거가 없으면 우리는 하나님을 믿을 수 없습니다. 구원은 영적인 일이기 때문입니다.

(2) 어떻게 해야 내적인 증거를 얻는가?

그렇다면 어떻게 해야 내적인 증거를 얻을 수 있을까요?

영적 세계를 인정해야 한다

내적 증거를 얻기 위해서는 보이지 않는 세계, 즉 영적 세계가 있다는 사실에 마음을 열어야 합니다. 보이는 것이 전부라고 믿는 한, 코페르니쿠스의 주장을 믿지 못했던 이들처럼, 아무리 많은 영적 증거들이 나타나도 받아들일 수 없습니다.

보이는 세계가 전부가 아닙니다. 보이지 않는 세계가 있습니다. 많은 사람들은 눈에 보이는 세계가 전부라고 믿으며 보이지 않는 세계에 대한 이야기를 비이성적이고 유치한 생각으로 치부합니다. 그러나 성경은 그렇지 않다고 이야기합니다.

[고전 2:14 표준새번역] 자연에 속한 사람은 하나님의 영에 속한 일들을 받아들이지 않습니다. 그런 사람에게는 이런 일들이 어리석은 일이요, 그런 사람은 이런 일들을 이해할 수 없습니다. 그것은 이런 일들이 영적으로만 분별되기 때문입니다.

보이지 않는 세계, 영적 세계가 있다는 것입니다. 여러분, 영적인 세계가 있습니다. 우리가 하나님 앞에 기도하고 구할 때, 다 설명할 수 없지만, 하나님께서 우리 안에 믿어지게 하는 일을 이루십니다.

[요 20:20] 이 말씀을 하시고 손과 옆구리를 보이시니 제자들이 주를 보고 기뻐하더라

[요 20:22] 이 말씀을 하시고 그들을 향하사 숨을 내쉬며 이르시되 성령을 받으라

부활하신 예수께서 제자들을 찾아오셔서, 부활하신 몸을 보이시고, 손과 옆구리에 찔린 자국을 다 보여주신 후에 말씀하셨습니다. "성령을 받으라." 외적인 증거만으로는 충분치 않았습니다. 하나님의 영이신 성령께서 행하시는 일이 있습니다. 그

것은 믿어지지 않는 것을 믿어지게 해주시는 일입니다. 성령께서는 내적인 증거가 되어주십니다. 부활하신 예수께서는 제자들을 향해 "성령을 받으라!"고 하셨습니다.

영적인 배고픔이 있어야 한다

그렇다면 어떻게 성령을 받을 수 있을까요? 아니, 성령을 받는다는 것은 무엇을 뜻할까요? 성령을 받는다는 것의 의미를 풀어 설명하는 것은 쉬운 일이 아닙니다. 그러나 실제로 성령받는 것은 그리 어려운 일이 아닙니다. 누가복음 11장 9-13절에서 예수께서 말씀하셨습니다.

[눅 11:9-13] 내가 또 너희에게 이르노니 구하라 그러면 너희에게 주실 것이요 찾으라 그러면 찾아낼 것이요 문을 두드리라 그러면 너희에게 열릴 것이니 구하는 이마다 받을 것이요 찾는 이는 찾아낼 것이요 두드리는 이에게는 열릴 것이니라 너희 중에 아버지된 자로서 누가 아들이 생선을 달라 하는데 생선 대신에 뱀을 주며 알을 달라 하는데 전갈을 주겠느냐 너희가 악할지라도 좋은 것을 자식에게 줄 줄 알거든 하물며 너희 하늘 아버지께서 구하는 자에게 성령을 주시지 않겠느냐 하시니라

구하라는 것입니다. 13절 말씀처럼 구할 때 우리 안에 내적인 증거, 즉 성령을 주시겠다는 것입니다. 정말 하나님이 계신지, 안 계신지 하나님께 물어보라는 것입니다. 무릎 꿇고 기도하라는 것입니다. "하나님, 나는 당신이 계신지 안 계신지 잘 모르겠습니다. 그러나 성경을 보니, 구하라고 합니다. 그래서 지금 구합니다. 저에게도 하나님이 정말 계신다고 하는 내적인 증거를 주십시오!" 이렇게 구하십시오. 하나님께서 틀림없이 응답하십니다.

그런데 여러분, 어떤 사람이 하나님을 구하고, 찾고, 두드릴까요? 그것은 인생에 배고픔이 있는 사람입니다. 삶에 목마름이 있는 사람만이 구하고, 찾고, 두드립니다. 집안에 먹을 것이 있다고 생각하는 사람은 절대 구하고 찾아다니며 남의 집 문을 두드리지 않습니다. 성령을 구하는 이도 이와 같습니다. 우리가 구할 때 하나님께서는 틀림없이 성령을 통해 우리 안에 내적인 증거들을 주십니다. 문제는 우리가 배고픈가 하는 것입니다. 삶의 불안과 염려, 공허와 갈망 등 하나님을 떠난 인생의 배고픔을 직시하고 있느냐는 것입니다. 그 사람만 구하고 찾고 두드립니다.

하나님만이 여러분에게 해답을 주십니다. 하나님이 도우시지 않고서는 여러분의 배고픔은 해결되지 않습니다. "하나님,

하나님 없이는 안 됩니다. 나의 이 문제, 내 안에 있는 이 본질적인 공허함을 해결할 수 없습니다. 하나님이 계신다면 말씀하여주십시오. 제가 배고픕니다." 이렇게 찾고 두드릴 때, 하나님이 약속하신 성령으로 내적 증거들을 주실 것입니다.

저도 그런 경험이 있습니다. 저는 대학교 2학년 때 예수님을 만났습니다. 그 나이에 무슨 고민이 그렇게 많았는지, 지금 생각하면 조금 우습기도 하지만, 그때는 그랬습니다. 왜 사는지를 알 수가 없었습니다. 무엇을 해봐도 삶에 의미가 없었습니다. 내가 그렇게 원하던 대학에 입학했고, 원하던 것을 다 이루었다고 생각했는데, 그것들을 성취하고 보니 그렇게 허무할 수가 없었습니다.

그러던 어느 날 몇 가지 사건들을 통해, 저는 제 안에 있는 이 공허함과 인생에 대한 고민이 하나님이 없기 때문이라는 사실을 발견하게 되었습니다. 모태신앙으로 평생 교회에 다녔지만, 제 삶에는 하나님이 없었습니다. 그래서 어느 날 밤, 혼자 방에서 무릎을 꿇고 간절하게 하나님께 구했습니다. 제 평생에 처음으로 해보는 진지한 기도였습니다.

"하나님, 저는 평생 교회를 다녔지만, 당신이 어떤 분인지 잘 모릅니다. 실제 존재하는 분인지 아닌지도 잘 모르겠습니다. 그러나 나는 당신이 필요합니다. 저를 도와주십시오! 하나님이 정말 계신다면 지금 저에게 오셔서 가르쳐주십시오."

정말 간절히 매달렸습니다. 눈물이 하염없이 쏟아졌습니다. 두세 시간을 통곡하며 울었습니다. 그리고 놀랍게도 제 안에 변화가 일어났습니다. 뭐라 설명할 수 없지만, 강렬한 변화가 제 삶에 일어났습니다.

가장 놀라운 변화는 하나님이 살아 계신 분이라고 하는 것이 믿어지기 시작한 것입니다. "누가 뭐라고 해도 하나님은 살아 계신 분이십니다!"라는 고백이 제 입에서 나오기 시작했습니다. 이전에는 없던 기쁨이 제 삶을 가득 채우기 시작했습니다. 그리고 그 기쁨은 37년이 지난 지금까지도 변함이 없습니다. 내적인 증거를 발견한 것입니다!

여러분, 여러분의 삶은 어떠십니까? 구하십시오. 찾으십시오. 하나님께서 오늘 여러분을 도와주실 것입니다.

4. 이미 알고 있지 않습니까?

사실 사람들은 본능적으로 하나님이 계신 것을 이미 알고 있습니다. 애써 부인하지 않는 한, 인간은 초월적인 존재가 있다고 하는 사실을 본능적으로 압니다. 다만 이것을 애써 부인하고 싶을 뿐입니다. 물론 제 말에 동의가 안 되는 분들도 계실 것입니다. 그러나 제 말의 뜻을 이해하실 때가 반드시 올 것입니다.

하나님이 사람을 창조하실 때 하나님의 형상대로 창조하셨다고 성경은 이야기합니다. 인간은 하나님의 형상을 따라 창조되었기 때문에, 그 안에는 하나님에 대한 기억이 있습니다. 초월자에 대한 개념이 있습니다.

여러분의 내면을 들여다보십시오. 그 하나님이 어떤 분이신지는 잘 모르지만, 나를 지으신 분이 있다는 사실을 어렴풋하게나마 느끼고 있지 않습니까? 이 하나님을 만나십시오! 하나님께서 오늘 여러분을 바꾸실 것입니다.

3

보시기에
좋았더라

BELIEVE IN
GOD

하나님이 이르시되 물들은 생물을 번성하게 하라 땅 위 하늘의 궁창에는 새가 날으라 하시고 하나님이 큰 바다 짐승들과 물에서 번성하여 움직이는 모든 생물을 그 종류대로, 날개 있는 모든 새를 그 종류대로 창조하시니 하나님이 보시기에 좋았더라 하나님이 그들에게 복을 주시며 이르시되 생육하고 번성하여 여러 바닷물에 충만하라 새들도 땅에 번성하라 하시니라 저녁이 되고 아침이 되니 이는 다섯째 날이니라 하나님이 이르시되 땅은 생물을 그 종류대로 내되 가축과 기는 것과 땅의 짐승을 종류대로 내라 하시니 그대로 되니라 하나님이 땅의 짐승을 그 종류대로, 가축을 그 종류대로, 땅에 기는 모든 것을 그 종류대로 만드시니 하나님이 보시기에 좋았더라 하나님이 이르시되 우리의 형상을 따라 우리의 모양대로 우리가 사람을 만들고 그들로 바다의 물고기와 하늘의 새와 가축과 온 땅과 땅에 기는 모든 것을 다스리게 하자 하시고 하나님이 자기 형상 곧 하나님의 형상대로 사람을 창조하시되 남자와 여자를 창조하시고 하나님이 그들에게 복을 주시며 하나님이 그들에게 이르시되 생육하고 번성하여 땅에 충만하라, 땅을 정복하라, 바다의 물고기와 하늘의 새와 땅에 움직이는 모든 생물을 다스리라 하시니라 하나님이 이르시되 내가 온 지면의 씨 맺는 모든 채소와 씨 가진 열매 맺는 모든 나무를 너희에게 주노니 너희의 먹을 거리가 되리라 또 땅의 모든 짐승과 하늘의 모든 새와 생명이 있어 땅에 기는 모든 것에게는 내가 모든 푸른 풀을 먹을 거리로 주노라 하시니 그대로 되니라 하나님이 지으신 그 모든 것을 보시니 보시기에 심히 좋았더라 저녁이 되고 아침이 되니 이는 여섯째 날이니라 **창세기 1장 20-31절**

1. 인생이란 무엇인가?

'하숙생'이라는 오래된 노래가 있습니다. "인생은 나그네 길 어디서 왔다가 어디로 가는가?"라는 노래지요. 요즘도 나이 지긋한 분들이 약주 한 잔 걸치고 심심찮게 부르시는 애창곡입니다. 옛날을 생각하며 가볍게 부르고 지나가는 노래지만, 사실 그 가사는 그리 가볍지 않습니다.

오래전에 유행했던 노래이긴 하지만, 오늘날도 많은 사람들이 동일한 질문을 던집니다. "인생은 어디서 왔다가 어디로 가는가?", "인생이란 무엇인가?" 특별히 경기(景氣)가 어려워지고, 먹고살기 힘들어지고, 실업자가 늘어나고, 세상이 각박해지면서 이 고민은 단순한 철학적 사색의 차원을 넘어 우리 사회의 실질적인 문제로 떠오르고 있습니다.

사람들이 과연 인생에 대해서 어떻게 생각하는지 궁금해서, 인터넷에서 "인생은 무엇입니까?", "인생의 목적은 무엇입니까?"라는 질문을 찾아보았습니다. 예상대로 많은 사람들이 답글을 달아놓았습니다. 그중 몇 가지를 소개해드리지요.

Q 저는 왜 사는지 모르겠어요. 인생이 뭔가요?
아시는 분은 가르쳐주세요.

💬 그걸 아는 사람이 과연 있을까…?!

💬 걱정 마. 인류의 90%가 이런 거 모르고 사니까.

💬 인생의 목적을 알기 위해선 여러 가지 방법이 있습니다. ①
무작정 아무거나 해보기 ② 현 상태에서 계속 생각해보기 ③
욕심을 위해 무리해보기(위험함) ④ 현 상태에 만족하고 자신
의 삶을 즐기기 ⑤ 다른 사람에게 물어보고 그 사람이 하라
는 대로 하기

결론은 모른다는 이야기입니다.
또 이런 글들도 있었습니다.

💬 인생이란 스팸메일이다. 짜증나니까….

💬 살아간다는 건…. 죽어 간다는 것의 다른 말일 뿐이죠.

💬 인생이란 죽은 거랑 같은 것이다.

💬 시간 때우기…. 이 많은 시간을 얼마나 빨리 때우느냐 그게

관건이죠. 빨리빨리 시간이 흐르도록 무엇인가를 한다.

💬 인생 뭐 있어?~~ 그냥 사는 거쥐~!!

💬 그냥 왔다가 가는 것.

💬 (중략) 원래 인간이라는 것이 생존해 있을 이유 자체가 없습니다. 저두 마찬가지구요. 그래서 저는 9년 후인 27살에 죽기로 결심했습니다.

이런 부정적인 대답 외에 어떻게 하든지 인생에 의미를 부여하려는 대답들도 있었습니다.

💬 인생에서 가장 행복한 것은 희망을 찾아내는 일이라고 생각합니다. 당신이 걸어가는 길이 행복한 길이라면, 아니, 행복하지 않더라도 미래가 보이는 길이라면 그냥 그 길로 나아가세요.

💬 존재에 의미를 부여하는 과정이다.

💬 존재하는 것은 무엇이라도 그것대로 정당한 원인이 있겠죠.

💬 흠, 인생은 글쎄요, 인간은 던져진 현존재라는 말이 있죠. 인생은 그런 겁니다. 제길….

💬 인생이란 인생이다.

이런 실존주의적인 대답들도 있었고요, 또 아주 현실주의적인 대답들도 있었습니다.

💬 인생은 돈입니다. 돈 없으면 팔다리가 잘린 것과 같은데 무슨 살맛이 나겠습니까? 이 말에 토 달면 다 위선자다!

💬 쾌락을 좇고, 명성, 돈, 권력 이런 것도 인생 아니겠습니까? 저는 이 두 가지 정신적 욕구와 물질적 욕구를 적당히 소화해 내며 살아가는 것이 인생이 아닐까 생각합니다.

💬 즐기는 것. 어차피 한 번인 인생, 즐기는 거야!!

또 인간은 자연에 일부이니, 자연에 순응하며 자연으로 돌아가라는 의견들도 있더군요.

💬 또 한 가지 방법은 인간의 본성을 따르는 겁니다.

💬 자연의 걸음걸이에 속도를 맞추어라. 위대한 자연의 비밀은 인내에 있다(디즈 레일리).

이렇게 인생에 대한 여러 가지 생각들이 올라와 있었습니다. 이 생각들은 앞서 말씀드렸듯이 몇 가지 범주로 나누어지는데요, 그중에 압도적으로 많은 것은 역시 허무주의적인 대답이었습니다. "인생? 그거 아는 사람 없다, 살아간다는 것은 죽어 간다는 것의 다른 말이다"와 같은 생각들이 지배적이었습니다. 우리 사회가 그만큼 힘들기 때문이겠지요.

2. 성경의 대답

(1) 인간은 사랑받기 위해 만들어졌다

과연 인생이란 무엇일까요? 우리가 존재하는 목적은 무엇일까요? 진짜 인터넷에 올라온 어떤 분의 말처럼 인생은 그저 왔다가 가는 것일까요? 창세기는 이에 관해 이야기하고 있습니다.

결론부터 이야기하면, 우리 인생은 그저 왔다 가는 것이 아니라 분명한 목적이 있다는 것입니다. 그 목적은 '사랑하고 사랑받는 것'입니다. 하나님께서는 사랑의 관계를 위해 인간을 창조하셨습니다. 저와 여러분은 하나님으로부터 사랑받기 위해 창조되었고, 서로서로가 사랑하도록 창조되어졌습니다. 이것이 성경이 이야기하는 '인생의 이유'입니다.

사람들도 어렴풋하게나마 이를 알고 있습니다. 모든 유행가 가사의 주제가 사랑인 것만 봐도 알 수 있듯이 말입니다. 인터넷에도 인생의 목적을 묻는 질문 밑에 "여자친구를 사귀어보세요!"라는 대답들이 심심치 않게 등장했습니다. 조금 더 나이든 사람이었다면 아마 "아이를 낳아보세요!"라고 적었을지도 모르겠습니다. 사람들은 알고 있습니다. 사랑하고 사랑받는 것이 인생을 의미 있게 한다는 사실을 말입니다.

(2) 인간은 본능적으로 사랑을 요구한다

아이를 낳아 키우면 이 사실에 더욱 깊이 동의하게 됩니다. 생각보다 너무나 조그만, 갓 태어난 첫째 아들을 품에 안았을 때, 형용할 수 없는 감격을 느꼈습니다. 도무지 말로 표현할 수 없는 감동이었습니다. 이 아이가 세상에 존재하는 이유는 너무나 명확했습니다. 그것은 저희 부부의 사랑을 받기 위해서였습니다! 그저 부모 품에 안겨서 우는 것 외에는 아무것도 할 줄 아는 것이 없는 연약한 아이, 돌봐주는 사람이 없으면 하루도 살 수 없는 이 위험한 존재는, 누군가의 사랑을 통해서 '존재'하고 있었습니다. 맞아요. 아이는 사랑받기 위해서 세상에 태어났습니다.

그래서 본능적으로 얼마나 사랑을 요구하는지 모릅니다. 아이가 조금 자라자, 집에서 아빠를 기다리기 시작합니다. 퇴근하고 집에 돌아가면 "아빠다!"라고 외치며 달려와 품에 안깁니다. 안아주기 전에는 저를 붙잡고 놓아주지 않습니다. 혹여 제가 바빠서 안아주지 않고 다른 일을 먼저 하면 삐집니다. 사랑에 배신당했다는 것이지요! 어디서 배운 것도 아닌데, 아이의 내면에는 사랑받고 싶다는 욕구가 본능적으로 내재되어 있습니다.

'본능적'이란 말은 배워서 습득한 것이 아니라, 날 때부터 우리 안 어딘가에 내재되어 있다는 의미입니다. 태어나면서부터 손과 발을 가지고 있듯이, '사랑받고 싶다'는 욕구 역시 그렇습니다. 그런 면에서 '사랑에 대한 욕구'는 인간을 구성하는 기본 요소라 할 수 있습니다. 어쩌면 손이나 발보다 더 기본적인 인간의 구성 요소가 '사랑받고 싶은 마음'일 것입니다. 손이나 발, 심지어 뇌의 일부분이 없어도 인간은 여전히 인간입니다. 그러나 사랑받고 싶다는 욕구가 없다면, 그는 더 이상 살아 있는 존재가 아닐 것입니다. 조금 극단적으로 이야기하면, 인간의 동의어는 '사랑받고 사랑하고 싶어 하는 존재'라 할 수 있지 않을까요?

(3) 하나님이 그렇게 만드셨다

그렇다면 왜 인간을 인간 되게 하는 DNA 속에 이런 욕구가 있는 것일까요? 그것은 "왜 인간에게는 손과 발과 눈과 코와 귀가 있느냐?"라는 질문과 같은 질문입니다. 창조주가 그렇게 만드신 것입니다. 창조주가 인간을 만드실 때 손과 발, 눈과 코를 그 DNA 속에 집어넣으셨듯이, 동일하게 '사랑받고 싶은 마음' 역시 우리 안에 넣으셨습니다. 창세기 1장 27절은 이렇게 이야기합니다.

[창 1:27] 하나님이 자기 형상 곧 하나님의 형상대로 사람을 창조하시되 남자와 여자를 창조하시고

하나님은 당신의 형상대로 인간을 창조하셨습니다. 하나님의 형상이란 외모를 이야기하는 것이 아니라, 하나님의 본질적인 속성을 의미합니다. 인간은 본질적인 면에서 하나님을 닮았다는 것입니다. 어떤 면에서 닮았을까요? 성경은 하나님의 본성을 이렇게 이야기합니다.

[요일 4:16] 하나님이 우리를 사랑하시는 사랑을 우리가 알고 믿었노니 하나님은 사랑이시라 사랑 안에 거하는 자는 하나님 안에 거하고 하나님도 그의 안에 거하시느니라

성경은 하나님은 사랑이라고 이야기합니다. 심지어 '사랑'과 '하나님'은 동의어라는 것입니다. 하나님은 사랑이시라! 인간의 동의어가 '사랑받고 사랑하고 싶어 하는 존재'라 했는데, 놀

랍게도 하나님 역시 그렇습니다. 하나님은 사랑이십니다. 하나님께서 하나님의 형상대로 인간을 창조하신 것입니다. 왜일까요? 예. 사랑을 나누시기 위해서!

3. 하나님의 형상으로 사람을 만드시다

그렇습니다. 하나님께서는 사랑의 교제를 위하여 인간을 창조하셨습니다. 하나님과 사랑의 교제를 나누며, 서로서로 사랑하는 기쁨을 누리게 하시려고 저와 여러분을 지으셨습니다. 이것이 성경 전체의 주제입니다. 하나님께서는 사랑의 교제를 위해서 우리를 만드셨고, 죄로 인해 단절된 사랑의 교제를 회복하시기 위해서 예수 그리스도를 보내셨고, 우리와 실제적인 사랑의 교제를 위해서 성령의 모습으로 우리와 함께하신다는 것이 성경 전체의 주제입니다.

[고전 1:9 표준새번역] 여러분을 부르셔서 그의 아들 우리 주 예수 그리스도와의 친교를 가지게 해주신 하나님은 신실하십니다.

우리를 부르셔서 하나님의 아들 예수 그리스도와 친교, 즉 사랑의 교제를 나누게 하시는 분이 하나님이시라는 것입니다.

[고후 13:13 표준새번역] 주 예수 그리스도의 은혜와 하나님의 사
랑과 성령의 사귐이 여러분에게 있기를 빕니다.

성령님도 우리와 사귐, 사랑의 교제를 위해 우리와 함께하십
니다. 성경은 온통 사랑의 교제에 대한 이야기로 가득합니다.
성부 하나님도, 성자 예수님도, 성령님도 모두 우리와 사랑의
교제를 나누기 원하십니다. 하나님은 사랑이시며, 우리는 이
사랑을 받기 위해 지음 받은 존재이기 때문입니다. 이것이 인간
이 존재하는 이유입니다. 하나님은 사랑을 위해 인간을, 저와
여러분을 창조하셨습니다. 여러분은 사랑받기 위해 태어난 존
재입니다. 하나님께서는 사람을 창조하시고 심히 기뻐하고 즐
거워하셨습니다.

[창 1:31] 하나님이 지으신 그 모든 것을 보시니 보시기에 심히
좋았더라 저녁이 되고 아침이 되니 이는 여섯째 날이니라

여섯째 날은 인간을 만드신 날입니다. 그리고 하나님께서
는 지으신 모든 것, 아담과 하와를 보시고 심히 좋아하셨습니
다. '좋았더라'의 히브리어는 '토브'(טוב)입니다. 이 단어는 "좋
아하는, 반가운, 가장 좋아하는, 최고로 기쁜, 달콤한" 등의 의

미입니다. 하나님께서 인간을 보시고 최고로 기뻐하시고, 최고로 사랑하시고, 최고의 희열을 느끼셨다는 것입니다. 제가 어린 아들을 품에 안고 느꼈던 황홀함은, 하나님이 저희를 창조하시며 느끼셨던 희열, 바로 '토브'였습니다. 하나님의 형상으로 창조되었기에, 하나님이 느끼셨던 '토브'를 저도 느낄 수 있었던 것이지요. 그것은 '사랑'이었습니다.

노숙자들이 왜 자살할까요? 아무에게도 사랑받고 있지 못하다고 느끼기 때문 아닐까요? 청소년들이 왜 스스로 목숨을 끊을까요? 학교에서도 가정에서도 어디서도 받아들여지지 못한다고 느끼기 때문 아닐까요? 인간은 사랑받지 못하면 살 수 없습니다. 사랑받는 것이 인간의 존재 이유이기 때문입니다. 하나님께서 우리를 그렇게 만드셨습니다.

4. 사랑의 크기

성경은 하나님의 사랑에 대한 책입니다. 성경은 과학적 사실을 전달하기 위해 쓰인 책이 아닙니다. 성경은, 사랑받기 위한 존재로 창조된 저와 여러분을 하나님께서 얼마나 사랑하시는지를 전해주는 책입니다.

(1) 엘비스 프레슬리와 그의 딸 리사 마리 프레슬리

제가 초등학교 때였습니다. 록 음악의 황제라 불렸던 엘비스 프레슬리의 딸 리사 마리 프레슬리에 대한 이야기가 화제가 된 적이 있었습니다. 엘비스 프레슬리가 그의 어린 딸을 위해 거대한 저택을 지었는데, 아이들 사이에 떠도는 소문에 의하면,[2] 정문에서 현관까지 차로 20분을 달려야 한다는 것이었습니다. 수영장은 물론이고 마당에 아예 에버랜드 같은 놀이시설이 통째로 들어와 있고, 리사의 방 천장에는 TV가 장착되어 있다는 것이었습니다. 누워서 TV를 볼 수 있게 말입니다. 제가 어렸을 때는, 눈이 나빠진다고 누워서 TV를 보지 못하게 했기 때문에, 누워서 TV를 보는 것이 아이들의 로망이었습니다. 그런데 천장에 박혀 있는 TV라니! 환상적이지요! 모든 아이들이 리사 마리 프레슬리를 부러워했습니다.

여러분, 사실인지 아닌지는 모르겠지만, 엘비스 프레슬리가 왜 이런 초호화 저택을 지었을까요? 엘비스 프레슬리가 왜 집 안에 놀이동산을 지어놓았을까요? 예. 바로 그의 딸, 리사 마리 프레슬리 때문이었습니다. 저택의 크기와 그 화려함, 천장

---

2 리사 마리 프레슬리의 집에 대한 내용은 인터넷에서 찾을 수가 없네요. 정말 한국 어린아이들 사이에 떠돌던 소문이었는지도 모르겠습니다.

에 TV를 박아놓는 그 세심함은 모두 리사 마리 프레슬리를 향한 아버지의 사랑이었습니다. 저택의 크기는 아버지 엘비스 프레슬리의 사랑의 크기였습니다. 성경은 바로 이 이야기를 하고 있습니다.

(2) 장난감을 사 오는 아빠의 마음

창세기 1장을 보면, 하나님께서는 부지런히 무언가를 하십니다. 빛을 창조하시고, 우주를 만드십니다. 그 안에 지구를 만드시고, 땅과 바다도 만드십니다. 그리고는 각종 동물과 식물을 창조하십니다. 새, 물고기, 코끼리, 강아지도 만드시고, 사과나무, 앵두나무도 만드십니다. 하나님이 왜 이런 것들을 만드셨을까요? 창세기 2장 19절에서는 이렇게 이야기합니다.

[창 2:19] 여호와 하나님이 흙으로 각종 들짐승과 공중의 각종 새를 지으시고 아담이 무엇이라고 부르나 보시려고 그것들을 그에게로 이끌어 가시니 아담이 각 생물을 부르는 것이 곧 그 이름이 되었더라

하나님께서 온갖 창조물들을 데려다 아담 앞에 두십니다. 그리고 아담이 어떻게 하나 지켜보십니다. 앵두를 아담 앞에

가져다 놓으십니다. 아담이 손을 뻗어 앵두를 먹습니다. "어? 맛있네? 맛이 희한하네! 앵두라고 불러야지!" 코끼리를 그 앞에 가져다 놓으십니다. "어? 이 녀석 봐라. 진짜 신기하네. 코가 이렇게 길어? 음, 그렇다면 너는 코끼리라고 해야지!" 하나님은 이 모습을 흥미롭게 지켜보십니다.

어떤 그림이 떠오르십니까? 아빠가 새로운 장난감을 잔뜩 사 와서 아이가 어떻게 하나 보려고 그 앞에 놓는 모습이 그려지지 않으십니까? 지금은 아이들이 모두 컸지만, 저는 아이를 키우면서 이때가 가장 즐거웠습니다. 큰아이가 세 살쯤 되었을 때, 제가 무선으로 조종하는 장난감 자동차를 사 왔습니다. 아내는, 이렇게 어린 애가 그런 장난감을 어떻게 가지고 놀겠냐고 핀잔을 주었지만, 저는 마냥 즐거웠습니다. 자동차가 저절로 달려갈 때 놀라는 아이의 모습, 방향을 틀 때마다 신기해하는 모습을 지켜보는 것이 정말 행복했습니다. 그러다가 아이가 이 장난감에 이름을 붙입니다.

"너? 너는 음, '스피디'다. 네 이름은 오늘부터 스피디야. 스피디! 와!" 이름을 짓는 아이의 모습을 보는 것이 너무 즐거워서, 심심하면 장난감 가게에 들러 장난감을 한아름 사서 집으로 가곤 했습니다. 창세기에 묘사된 하나님의 모습이 이런 모습 아닐까요?

여호와 하나님이 흙으로 각종 들짐승과 공중의 각종 새를 지으시고 아담이 어떻게 이름을 짓나 보시려고 그것들을 아담에게로 이끌어 가십니다(창 2:19). 이것이 하나님이 천지를 창조하신 이유이고, 목적입니다! 세상의 모든 만물 - 웅장한 폭포와 아름다운 호수, 아름다운 들의 꽃과 나무들, 하늘의 수많은 별들까지, 하나님께서는 우리를 위해 이 모든 것을 창조하셨습니다. 이것이 하나님의 사랑의 크기입니다.

(3) 우주의 크기

여러분, 우리가 사는 이 우주가 얼마나 큰지 아십니까? 태양계가 속한 은하계 안에는 약 1천억 개의 별이 있습니다. 지구 같은 행성 말고, 태양같이 스스로 빛을 발하는 별이 약 1천억 개에 이릅니다. 1천억이라는 숫자가 감이 잘 안 오신다면, 이렇게 생각하시면 됩니다. 집마다 불을 밝히는 전구들이 있지요. 서울에도 있고, 도쿄에도 있고, 아프리카에도 있고, 뉴욕에도 있고, 유럽에도 있습니다. 지구상에 존재하는 모든 전구들을 다 더하면 약 1천억 개 정도가 됩니다.

전구 하나가 빛을 내는 태양이라고 생각한다면, 은하계는 지구 전체 크기에 해당한다는 것입니다. 그리고 지구는, 이 전구 주위를 맴도는 하루살이 정도 되겠지요. 그 하루살이 위에서 살아가는 인간이라니! 우리가 살아가는 은하계는 상상할 수 없을 정도로 크고 넓습니다.

그런데 더욱 놀라운 것은, 우주에는 이런 은하계가 다시 1천억 개 존재한다는 것입니다! 전구 하나가 은하계라면, 우주는 지구 전체의 크기에 해당하겠지요. 우주의 크기는 우리의 생각을 저만치 뛰어넘습니다. 놀이동산을 포함한 대저택이 리사를 향한 아버지 엘비스 프레슬리의 사랑이듯이, 이 우주의 아득한 크기가 저와 여러분을 향한 하나님의 사랑의 크기라면 믿으시겠습니까?

창세기 1장을 보면 하나님이 아담과 하와를 만드실 준비를 하시면서 마음이 들뜨십니다. "가만있어봐라, 이 녀석들이 살만한 공간을 만들어줘야 하는데 어떻게 할까? 깜깜하면 무서울 테니, 빛을 만들어줘야겠지? 빛이 있으라!" 빛을 만드십니다. "밤하늘에 반짝이는 별들을 만들어줘야지." 별들을 만드십니다. 크게, 아주 크게 만드십니다. 우주의 크기는 하나님의 능력의 크기이기도 하지만, 사실은 저와 여러분을 향한 하나님 아버지의 사랑의 크기이기도 합니다. 엘비스 프레슬리의 저택처럼 말입니다.

5. 사랑은 누리는 것이다

아마 동의할 수 없는 분들도 계실 것입니다. "아니, 하나님이 우리 인간들만을 위해 이렇게 넓은 우주를 만드셨단 말이야? 말이 안 되지. 인간이 우주의 중심이라는 생각은 지극히 유아적인, 중세 사람들의 발상이지…. 우주의 크기를 알고 나면 그런 말은 못 할걸. 별의 수만도 천억 곱하기 천억, 그러니까 10에 22승 개인데!"

그러나 여러분, 정문에서 현관까지 20분이 걸리는 저택은 과연 어린아이에게 합당한 크기일까요? 어린아이가 놀기에는 방 하나면 충분한데 말입니다. 리사 마리 프레슬리의 거대한 저택은 무의미한 낭비였을까요? 효율성만을 놓고 보면 그럴 수도 있습니다. 저택을 짓는 데 들어가는 비용부터 그 넓은 저택을 유지하기 위한 운영비까지 말입니다.

그러나 그 저택을 지었던 아버지의 마음을 생각하면, 그 넓이는 전혀 다른 의미를 가지게 됩니다. 더구나 리사 마리는 저택을 짓는 비용을 내거나, 운영비를 감당할 필요도 없었습니다. 그건 모두 아버지가 감당할 테니까요. 우리가 살아가는 우주 역시, 우리가 운영비를 내거나 세금을 걱정할 필요는 없지 않습니까? 그건 모두 아버지가 감당하실 테니까요!

리사 마리는 넓은 저택에 대해 의문을 품거나, 불만을 표하지 않았습니다. 그녀가 한 일은 딱 하나였습니다. "아빠, 땡큐!" 그리고 그저 아빠가 마련해준 축복들을 감사하며 누렸습니다.

6. 하나님은 종교가 아닌 사랑을 원하신다

사람들은 하나님을 종교로 치환하려 합니다. 크리스천이 되는 것을, 헌금하거나 봉사하고, 술 안 마시고 담배 피우지 않으며, 전도하고 구제하는 것과 같이, 종교적 의무를 행하는 것으로 생각합니다. 하나님께 '구원에 대한 값'을 지불해야 하니까요.

이것은 마치 리사 마리 프레슬리가 아버지가 지어준 집을 보고 "감사합니다. 이거 얼마 드리면 될까요?"라고 묻는 것과 같습니다. 사랑에 값을 지불하려 할 때, 그것은 사랑에 대한 모독이 됩니다. 하나님에 대한 반응은 딱 한 가지면 족합니다. "하나님이 나를 사랑하시는군요. 감사합니다. 나도 하나님이 좋습니다!" 이거면 끝입니다. 이것이 하나님이 정말 바라시는 일입니다.

"하나님이 나를 보시기에 좋으셨습니까? 저도 하나님을 보는 것이 좋습니다!" 하나님의 고백이 "하나님이 지으신 사람을 보니 심히 좋았더라!"라면, 우리의 고백은 "우리를 지으신 하나님을 보니 심히 좋습니다!"가 되어야 하지 않을까요?

사랑에 대한 올바른 반응은 사랑 외에는 없기 때문입니다. 신앙생활은 종교가 아닙니다. 의무도 아닙니다. 종교와 의무는 우리 영혼에 아무런 도움이 되지 않습니다. 오히려 우리 영혼을 속박하고 죽일 뿐입니다. 참된 신앙은 '나는 하나님의 사랑을 받기 위해 태어난 존재'라는 사실을 알고, 감사함으로 누리는 것입니다. 성경은 이렇게 이야기합니다.

[습 3:17] 너의 하나님 여호와가 너의 가운데에 계시니 그는 구원을 베푸실 전능자이시라 그가 너로 말미암아 기쁨을 이기지 못하시며 너를 잠잠히 사랑하시며 너로 말미암아 즐거이 부르며 기뻐하시리라 하리라

지금도 하나님은 여러분으로 인하여 즐거워하시며 기뻐하십니다. 여러분은 하나님의 기쁨이 되는 존재입니다. 이 놀라운 사실을 여러분이 꼭 아셨으면 좋겠습니다.

4

웬
선악과?

BELIEVE IN
GOD

여호와 하나님이 그 사람을 이끌어 에덴 동산에 두어 그것을 경작하며 지키게 하시고 여호와 하나님이 그 사람에게 명하여 이르시되 동산 각종 나무의 열매는 네가 임의로 먹되 선악을 알게 하는 나무의 열매는 먹지 말라 네가 먹는 날에는 반드시 죽으리라 하시니라 **창세기 2장 15–17절**

1. 악의 문제

성경의 두 번째 주제인 악의 문제에 대해서 생각해보려 합니다. 창조를 인정하고 나면, 한 가지 의문이 생깁니다. 그것은 "완전하신 하나님이 창조하신 세상이 왜 이렇게 불완전할까?" 하는 것입니다.

아무 죄도 없는 선한 사람이 비참한 삶을 살다가 고통 속에 죽어 가기도 하고, 세상에 둘도 없는 악당이 마지막까지 너무 편하고 성공적인 삶을 살기도 합니다. 무고한 여성이 살인마의 손에 살해당하기도 하고, 뇌성마비 환자들은 자신의 의지와 상관없이 불편한 몸으로 태어나기도 합니다. 우리가 사는 세상은 완전하지 않습니다. 선하지도 않고, 조화롭지도 않습니다. 오히려 세상은 모순투성이고, 도처에 슬픔과 고통이 있습니다. 하나님이 선하신 분이시고, 선하게 세상을 창조하셨다면, 왜 우리가 사는 세상은 이런 모습일까요? 의문이 들 수밖에 없습니다.

그래서 고대 사람들은 이 부조리를 설명하기 위해 여러 가지 신화를 만들어냈습니다. 예를 들어 태초에 선한 신과 악한 신이 존재했는데, 이 두 신이 영겁의 세월을 두고 서로 싸우다가, 결국 선한 신이 악한 신을 눌러 이깁니다. 칼을 들어 악한 신의 목을 베어 죽였는데, 이때 악한 신의 몸에서 튀어나온 피가 사방으로 튀면서 세상이 창조되었다는, 뭐 이런 이야기들입니다. 고대 신화들을 살펴보면 대부분 이런 식으로 이야기가 진행됩니다.

고대 신화들의 공통적 특징은 '선한 신'과 '악한 신'이 등장하는 것입니다. 악이 존재하는 현실을 보면 선한 신이 홀로 세상을 창조했다고 말하기에는 뭔가 석연치 않은 것입니다. 그래서 대부분의 신화는 세상을 선한 신과 악한 신의 합작품으로 설명하려 합니다. 창조주뿐 아니라 악한 신도 태초부터 함께 존재하는 것으로 악의 기원을 설명합니다.

(1) 성경은 다르게 말한다

그러나 성경은 다르게 말합니다. 선한 신과 악한 신이 있었던 것이 아니라, 오직 하나님 한 분만 계셨다고 말합니다. 그리고 모든 것은 하나님께로부터 나왔다고 이야기합니다. 그렇다면 '악'도 하나님으로부터 나온 것일까요? 이 문제에 대한 성경의 대답을 들어봅시다.

창세기 1장에서, 하나님이 천지를 창조하시고 나서 하신 말씀이 있습니다. 창세기 1장 31절입니다

[창 1:31] 하나님이 지으신 그 모든 것을 보시니 보시기에 심히 좋았더라 저녁이 되고 아침이 되니 이는 여섯째 날이니라

하나님은 창조하신 세상이 보시기에 심히 좋았다고 말씀하셨습니다. 하나님이 처음 창조하신 세상은 오늘날과 같이 부조리하지 않았고, 악이 판치는 세상도 아니었음을 알 수 있습니다. 하나님이 창조하신 세상은 완벽했으며 선했습니다. 그런데 왜 오늘날은 그렇지 못할까요? 그것은 최초의 완전한 창조와 우리가 살아가는 오늘날 사이에 어떤 사건이 일어났기 때문입니다. 창세기 3장은 이 사건에 대하여 말해주고 있습니다. 그것은 우리가 잘 알고 있는 '선악과' 사건입니다.

[창 3:1-6] 그런데 뱀은 여호와 하나님이 지으신 들짐승 중에 가장 간교하니라 뱀이 여자에게 물어 이르되 하나님이 참으로 너희에게 동산 모든 나무의 열매를 먹지 말라 하시더냐 여자가 뱀에게 말하되 동산 나무의 열매를 우리가 먹을 수 있으나 동산 중앙

에 있는 나무의 열매는 하나님의 말씀에 너희는 먹지도 말고 만지지도 말라 너희가 죽을까 하노라 하셨느니라 뱀이 여자에게 이르되 너희가 결코 죽지 아니하리라 너희가 그것을 먹는 날에는 너희 눈이 밝아져 하나님과 같이 되어 선악을 알 줄 하나님이 아심이니라 여자가 그 나무를 본즉 먹음직도 하고 보암직도 하고 지혜롭게 할 만큼 탐스럽기도 한 나무인지라 여자가 그 열매를 따먹고 자기와 함께 있는 남편에게도 주매 그도 먹은지라

아담과 하와가 선악과를 따먹었습니다. 하나님께서 아담에게 동산 각종 나무의 실과를 마음대로 따먹되, 선악을 알게 하는 나무의 열매는 먹지 말라고 말씀하셨습니다(창 2:16-17). 그런데 하와가 이 열매를 먹은 것입니다.

하나님의 명령을 어기고, 하나님께 반기를 드는 사건이 일어나고 말았습니다. 성경은 인간의 모든 문제가 이 사건에 기인한다고 설명하고 있습니다. 이 사건은 인간이 하나님으로부터 독립을 선언한 사건이며, 그 결과 하나님으로부터 분리된 사건입니다(나무 열매 하나 따먹은 것이 왜 독립을 선언하는 사건인지는 뒤에서 살펴보겠습니다).

처음에는 그저 에덴동산에서 쫓겨난 정도였지만, 세대를 거듭할수록 인간 세상은 점점 더 하나님으로부터 멀어지게 되었

고, 결국 하나님의 존재조차 알지 못하는 현실에서 태어나, 하나님이 없다고 생각하는 문화 속에서 살아가게 되었습니다. 이렇듯, 하나님 없이 살아가는 것을 선택한 인간이 만들어놓은 결과가 바로 오늘날 우리가 살아가는 세상입니다.

(2) 선악과 - 기독교의 근본

선악과는 참 중요합니다. 어떤 분은 "성경에 나온 다른 이야기들은 다 좋은 말이고 인류에게 도움이 되는 말인데, 그 선악과는 무슨 말인지 모르겠어, 그 이야기만 없으면 성경은 참 완벽할 텐데"라고 아쉬워하기도 하지만, 그것은 기독교를 잘 모르고 하는 말씀입니다. 선악과가 없으면 기독교는 성립되지 않습니다. 선악과는 하나님의 창조에 있어 있어도 좋고 없어도 좋은 요소가 아니라, 창조의 중심적이고 필수적인 요소입니다.

2. 선악과에 대한 세 가지 질문

이 단원에서는 선악과에 대해 사람들이 흔히 가지는 세 가지 질문을 중심으로 인간의 죄와 구원에 대해 생각해보려 합니다. 세 가지 질문은 다음과 같습니다.

질문 1 선악과의 의미 : 하나님은 왜 선악과를 만드셨을까? 선악과의 의미는 무엇인가?

질문 2 악의 기원 : 이유야 어찌 됐든, 선악과를 만드신 분은 하나님이시고, 그 선악과로 말미암아 악이 이 세상에 생기게 되었으니, 악에 대한 책임은 하나님에게 있는 것이 아닌가?

질문 3 죄의 책임 : 선악과는 아담이 따먹었는데, 아담의 죄 때문에 왜 우리까지 저주를 받아야 하나?

여러분도 이런 의문들이 있으시리라 생각합니다. 이 질문들에 대해 하나씩 살펴봅시다.

질문 1 선악과의 의미 : 하나님은 왜 선악과를 만드셨을까?

[창 2:16-17] 여호와 하나님이 그 사람에게 명하여 이르시되 동산 각종 나무의 열매는 네가 임의로 먹되 선악을 알게 하는 나무의 열매는 먹지 말라 네가 먹는 날에는 반드시 죽으리라 하시니라

첫째, 하나님은 왜 선악과를 만드셨을까요? 사람들이 선악과에 대해서 가지는 오해가 있습니다. 그것은 선악과 속에 독이나 어떤 특별한 성분이 들어 있어서, 그것을 먹는 순간 사람을 '타락'시켰다고 생각하는 것입니다. 선악과를 먹으면 선과

악을 알게 되는 특별한 지식이 생기게 되지만, 그 안에 들어 있는 독으로 인해 인간이 죽음에 이르게 된다고 생각합니다.

(1) 선악과는 특별한 나무가 아니었다

그러나 성경을 읽어보면, 선악과는 그렇게 특별한 나무가 아니었던 것을 알 수 있습니다. 심지어 창세기 3장 3절에서는 이를 '동산 중앙에 있는 나무'라 불렀을 만큼, 그저 여러 나무 중 한 그루에 불과했습니다. 아마 우리가 흔히 보는 사과나무 같은 것이었을 겁니다.

선악과에서 중요한 것은 나무 자체가 아니라 "따먹지 말라"는 하나님의 명령입니다. 다시 말해, 하나님이 선악을 알게 하는 나무 대신 "저 강은 건너지 말라"고 하셨다면, 그 강이 '선악을 알게 하는 강'이 되었을 것이고, 선악을 알게 하는 나무 대신 "저 산은 넘지 말라"고 하셨다면 그 산이 '선악을 알게 하는 산'이 되었을 것입니다.

선악과는 임의로 선택된 평범한 나무에 불과했습니다. 하나님이 심술궂으셔서 독성이 있는 이상한 나무를 만드신 것이 아닙니다. 선악과를 만드신 진짜 이유는 인간에게 '선택의 자유'를 주시기 위함이었습니다.

하나님은 인간을 창조하시고, 인간에게 완전한 자유를 주셨습니다. 자유롭게 선택하고 자유롭게 생각할 수 있는 능력을 주신 것입니다. 어느 정도로 자유를 보장해주셨는가 하면, 심지어 하나님을 거부할 수 있는 자유까지 주셨습니다.

그 구체적인 방법이 바로 선악과였습니다. 아무것도 금하신 것이 없었기 때문에, 선악과마저 없었다면 아담은 하나님을 배신하고 싶어도 배신할 방법이 없었을 것입니다. 하지 말라고 하신 것이 있어야 불순종도 할 수 있기 때문입니다.

만약 '선악과 명령'마저 없었다면, 인간은 선택의 여지없이 하나님의 질서에 순복해야 했을 것입니다. 곰이나 철새들이 선택의 여지없이 겨울이 되면 겨울잠을 자고, 철을 따라 먼 나라로 날아가듯이, 인간 역시 본능적으로 하나님을 선택해야만 하는 존재였을 것입니다.

그러나 하나님은 인간을 본능에 따라 살아가는 다른 짐승들과는 다른 존재로 만들고 싶으셨습니다. 성경은 그것을 "하나님의 형상을 따라 만들었다"라고 묘사하는데, 이는 스스로 선택할 수 있는 존재로 만드셨다는 의미입니다. 성경에서 계시하는 하나님의 이름은 "여호와 - 스스로 있는 자"입니다.

하나님께서는 하나님의 형상으로 창조된 인간을 인격적으

로 대우하셨습니다. 하나님은 하나님의 자녀로 창조된 인간을 사랑하셨고, 인간도 하나님을 사랑하기 원했지만, 본능에 의해 프로그래밍된 대로 그렇게 하기를 원치 않으셨습니다. 본능이 아니라, 스스로 선택해서 하나님을 사랑하기를 원하신 것입니다. 그래서 하나님께서는 인간에게 완전한 자유를 주셨는데, 그것은 심지어 하나님까지 거부할 수 있는 자유였습니다. 하나님을 거부할 수 있는 자유가 주어져야 하나님을 선택할 수 있는 자유가 가능해지기 때문입니다.

"너희가 나를 거부하고 싶다면, 이 나무의 열매를 먹으면 돼." 이것이 선악을 알게 하는 나무의 열매였습니다. 물론 거부할 것을 기대하며 주신 자유는 아니었습니다. 하나님을 선택할 것을 기대하며 주신 자유였지요. 억지로 움직이는 인간이 아니라, 자신의 의지로 선택해서 움직이는 존재, 즉 하나님께서는 인간을 참 인간으로 대우하셨습니다.

창세기 2장에서 하나님이 이 나무의 열매를 먹지 말라는 최초의, 그리고 유일한 금지 사항을 말씀하시는 순간, 인간은 비로소 프로그래밍된 대로 살아가는 기계에서 스스로 선택할 수 있는 존재가 되었습니다. 선악과의 선포와 함께 하나님의 형상을 닮은 존재가 되게 하는 자유가 주어진 것입니다. 이것이 하나님께서 선악과를 만드신 참 이유입니다.

영국의 석학 C. S. 루이스는 이렇게 이야기합니다.

"하나님은 자유의지가 있는 존재를 만드셨다. 이는 창조물이 선할 수도 있고 악할 수도 있음을 의미한다. 어떤 사람은 자유하면서도 절대로 악을 선택할 수 없는 창조물을 기대한다. 그러나 그것은 불가능하다. 어떤 존재가 선할 수 있는 자유가 있으려면, 그것은 또한 악할 수 있는 자유도 있어야 한다. 악이 이 세상에 존재하게 된 것은 바로 이 자유의지 때문이다. 그렇다면 하나님은 왜 사람에게 자유의지를 주셨을까? 그것은 자유의지가, 비록 악을 가능케 하기는 하지만, 이것만이 사랑과 선함, 기쁨 등 이 모든 것을 가치 있게 하는 유일한 길이기 때문이다. 기계적으로 작동하는 창조물로 가득 찬 세상은 창조할 가치가 없다. 하나님이 고등의 창조물들을 위해서 계획하신 행복은 그들이 자유롭게, 자발적으로 그분과, 그리고 서로서로와 황홀하고 즐거운 사랑 안에 연합하는 것이다. 이러한 연합은 이 세상에서 남녀 간에 경험되어지는 가장 열광적인 사랑조차도 시시콜콜한 것으로 만들어버린다. 이러한 참된 사랑 때문에 인간은 자유해야만 한다."[3]

---

3   C. S. 루이스, 《순전한 기독교》(홍성사, 2001)

누군가를 사랑한다고 하는 것은 우리가 할 수 있는 가장 자유로운 선택입니다. 자유하다는 것은, 누구를 사랑하고 누구를 거절할 것인지를 스스로 결정한다는 뜻입니다. 만일 어떤 사람을 거절할 수 있는 방법이 없다면, 그 사람을 사랑할 수 있는 방법 또한 없습니다. 그저 프로그래밍된 로봇처럼 행동할 뿐이지요. 스위치를 누르면 둔탁한 스피커 소리로 "사랑해요, 사랑해요"를 외치는 장난감 로봇처럼 말입니다. 자유로운 선택이 보장되지 않으면 결코 할 수 없는 것이 바로 사랑입니다.

스위스의 철학자였던 프란시스 쉐퍼는 이렇게 이야기합니다.

"남녀 간의 사랑, 친구 간의 우정 등 모든 사랑은 선택과 결부되어 있다. 선택이 없는 사랑이란 말 자체가 무의미하다. … 현대인은 결정론(인간의 의지적 결정과 행위는 모두 무엇인가 다른 원인에 의해 규정되어지고 결정되어진다는 철학적 주장)의 중간에 끼어 마침내 선택의 개념조차 상실하고 말았다. 그리하여 이제 사랑이란 말은 점점 무의미한 말이 되어가고 있는 중이다. … 하나님은 인간에게 선택의 가능성을 주셨다."[4]

사랑할 수 있는 존재가 되기 위해 주어진 자유와 선택 - 이것

---

4   프란시스 쉐퍼, 《창세기의 시공간성》(생명의말씀사, 1999)

이 하나님의 의도하셨던 선악과의 의미입니다. 그러나 불행하게도 최초의 사람이었던 아담과 하와는 하나님을 선택하는 대신, 하나님을 거부하는 길을 택하게 되었습니다. 이것이 창세기 3장의 이야기입니다.

질문 2 악의 기원 : 결국 선악과를 만드신 하나님 책임이 아닌가?
그런데 이렇게 생각하고 나면, 두 번째 질문을 던지게 됩니다. 전지전능하신 하나님께서 인간이 결국 선악과를 따먹을 것을 모르셨느냐는 것입니다. 만약 아시고도 선악과를 주셨다면, 결국 하나님 책임이 아니냐는 것이지요.

(1) 하나님은 전능하신가?
이 질문에 대한 저의 생각은 이렇습니다. 하나님은 모르셨다는 것입니다. "예? 하나님이 모르시는 것이 있다고요? 하나님은 전능하신 분이 아니신가요?"

우리는 '전능'이라고 하는 개념을 너무 단순하게 생각합니다. 원하는 것은 무엇이든지 다 할 수 있는, 그런 것이 전능이라고 생각합니다. 그러나 그런 전능은 존재하지 않습니다. 아니, 존재할 수 없습니다.

예를 들어보지요. 하나님은 아무도 들 수 없는 무거운 돌을 만드실 수 있습니까? 전능하시다면 분명히 하실 수 있을 것입니다. 그렇다면, 그 돌을 하나님도 못 드실까요? 드실 수 있지요. 전능하시니까요. 못 드신다면 전능하신 것이 아니지요. 적어도 그 돌을 들어올리는 것 한 가지는 하실 수 없으니까요. 그러니 전능하신 하나님은 드실 수 있어야 합니다.

그러면 이제 문제가 생깁니다. 하나님이 만드신 누구도 들 수 없는 돌은 결국 누구도 들 수 없는 돌이 아닌 셈이지요. 하나님이 드실 수 있으니까요. 결국 하나님은 누구도 들 수 없는 돌은 만드시지 못하신 것입니다. 그러니 하나님은 전능하시지 않습니다. 이상하지요? 도대체 하나님은 전능하신 것일까요, 전능하지 못하신 것일까요? 우리는 대답할 수 없습니다.

(2) 인간의 이성은 완전하지 않다

이런 현상을 수학이나 논리학에서는 '패러독스' 또는 '모순'이라고 부릅니다. 모순은 무엇이든지 뚫는 창과 무엇도 뚫지 못하는 방패를 동시에 팔려고 했던 상인에게서 유래한 말이지요.

이를 통해 알 수 있는 것은 '전능하다'라는 우리의 개념이 사실은 불완전하다는 것입니다. 우리가 생각하고 원하는 것은 무엇이든지 할 수 있는 전능이라는 개념은 사실 존재하지 않는 허상이라는 것이지요. 이런 패러독스는 사실 전능이라는 개념

자체의 문제라기보다는, 인간 이성의 한계에서 옵니다.

1930년대 독일 수학자 괴델은 '불완전성의 원리'(incompleteness theorem)라 이름 붙여진, 혁명적인 사실을 증명합니다. 수학의 언어로는 "모든 공리계는 항상 증명할 수도 없고 반증할 수도 없는 명제, 즉 모순을 포함한다"라는 것인데, 이 원리가 궁극적으로 증명하고 있는 것은, 인간 이성에는 항상 모순이 존재한다는 것입니다. 인간의 이성은 완벽하지 않다는 사실이 수학적으로 증명된 코페르니쿠스적 업적이었습니다.

우리는 모든 것을 이해할 수 있고, 모든 것을 논리적으로 정리할 수 있다고 착각합니다. 단지 내가 아직 부족해서 그렇지, 조금 더 노력하면 논리적으로 깔끔하게 모든 것을 설명할 수 있다고 믿습니다.

그러나 이것은 사실이 아닙니다. 인간의 이성은 완전하지 않습니다. 이해할 수 없고 정의할 수 없는 것들이 얼마든지 존재합니다. '원하는 것은 무엇이든 할 수 있는 전능'이라는 개념은 사실은 존재하지 않는, 우리의 불완전한 이성이 만들어낸 허구적 개념일 뿐입니다. 이런 불완전한 이성으로 창조주 하나님을 완전히 설명하는 것이 과연 가능한 일일까요?

다시 본론으로 돌아옵시다. 하나님의 완전하심, 전능하심은 우리가 생각하는 것과는 다른 차원의 것입니다. 우리의 이

해를 뛰어넘는 초월적 개념의 '전능'인 것이지요. 시간과 공간을 뛰어넘어 역사하는 하나님 차원의 초월적 이성으로만 설명 가능한 개념일 것입니다. 어찌 되었든 저는, 우리의 언어로 표현할 때, 하나님께서는 인간이 선악과를 따먹을 것을 모르셨다고 생각합니다. 초월적 전능하심의 차원에서는 미리 아셨을 수도 있지만 말입니다.

(3) 하나님은 악의 나무를 만들지 않으셨다

그럼에도 불구하고, 아직 질문이 남아 있습니다. 그것은 "이유야 어찌 되었든 결국 선악과를 만드신 분은 하나님이시므로, 모든 죄의 근원은 결국 하나님께 있지 않으냐?"는 것입니다.

이 질문에 대해 쉐퍼 박사는 다음과 같이 이야기합니다.

"아담이 직면한 시험은 하나님이 만드신 악의 나무와 하나님이 만드신 선의 나무 사이에서 하나를 고르는 것이 아니었다. 왜냐하면 하나님은 악한 것을 전혀 만드시지 않았기 때문이다. 만약 하나님께서 사람으로 하여금 불순종할 수밖에 없도록 계획하셨다면, 우리는 힌두교의 사상과 같은 개념을 가질 것이다. 힌두교의 사상이란 결국 선과 악, 잔인함과 관용이 모두 하나의 신으로부터 나왔기 때문에 그것들이 종국에는 동일한 것들이라고 말한다. 그러나 하나님은 악의 나무를 만드시지 않으셨다. 하나님은 그저 하나의 나무를 만드셨을 뿐이다. 이 나무가 다른 나무와 본질적으로 다른 어떤 요소가 있었던 것은 아니다. 그보다는 하나님께서 인간에게 하나의 선택에 직면케 하셨던 것뿐이다. 하나님이 이 나무 대신 '이 강을 건너지 말아라. 이 산을 넘지 말아라'라고 한 것과 다를 것이 없다. 하나님이 하신 말씀은 단지 '너는 하나의 독립적인 존재가 아니라 피조물이다. 피조물로서 너는 너의 창조주인 나를 믿고 사랑하라'는 것이었다. 하나님이 인간을 만드실 때 악의 가능성도 있었음은 분명한 사실이다. 그러나 단순한 악의 가능성이 실제로 악이 존재하는 것을 의미하지는 않는다. 하나님은 그런 가능성을 두면서 동시에 인간에게 선택을 유효하게 하셨고 인간을 인간으로 대우하신 것이다."[5]

하나님은 악의 나무와 선의 나무를 만드시고는 하나를 선택하라고 하신 것이 아닙니다. 그저 하나의 나무를 만드셨을 뿐입니다. 인간이 범죄할 가능성은 물론 있었습니다. 그리고 그 결과 악이 이 세상에 들어올 가능성도 있었습니다. 그러나 그 가능성을 두셨다는 것이 곧 악을 창조하신 것은 아니라는 것입니다. 하나님께서 당신의 능력을 사용하셔서, 엄청난 존재 -

---

5   프란시스 쉐퍼, 《창세기의 시공간성》(생명의말씀사, 1999)

하나님을 배신하고, 세상에 악을 들여올 수 있는 존재인 인간을 만드신 것은 사실입니다. 하나님께서는 인간을 스스로 선택할 수 있는 인격으로 존중해주기 원하셨기 때문입니다. 이것이 선악과의 의미입니다.

질문 3 아담의 죄 때문에 내가 왜 저주를 받아야 하는가?

이제 세 번째 질문으로 넘어갑시다. 저는 이 질문이 제일 중요하다고 생각합니다. 많은 사람이 여기에 걸려 있기 때문인데, 세 번째 질문은 "선악과도 알겠고, 아담이 하나님을 배신한 것도 알겠는데, 아담의 죄 때문에 왜 내가 저주를 받아야 하는가?"라는 것입니다. 기독교에서는 이것을 '원죄'라고 부르는데, 인간은 아담의 범죄로 인해 태어나면서부터 죄를 짓고, 그 결과 지옥에 갈 수밖에 없도록 태어난다는 것입니다.

먼저, 이 말의 뜻을 잘 이해하셔야 합니다. 원죄란, 아담의 죄가 생물학적으로 유전되어서, 우리가 하나님 앞에 죄인으로 태어난다는 뜻이 아닙니다. 원죄는 생물학적으로 유전되는 것이 아닙니다. 아담의 범죄 때문에 죄가 이 세상에 들어오게 된 것이 사실이고, 그 결과 하나님께 불순종하고, 더 나아가 하나님의 존재를 부인하며, 죄의 유혹이 넘치는 곳에서 태어나 살아가게 된 것은 사실입니다. 누구도 이 죄의 유혹에서 벗어날 수 없습니다. 그래서 모든 사람이 결국 죄를 짓게 됩니다.

그러나 하나님이 우리를 심판하시는 근거는, 우리가 죄를 지을 가능성이 있기 때문이 아닙니다. 하나님은 우리가 실제로 지은 죄를 근거로 심판하십니다. 그래서 침례교에서는 태어나자마자 죽은 아이나, 정신적인 장애로 인해 자신의 죄에 대해서 책임질 수 없는 사람들은 하나님께서 특별한 방법으로 구원하신다고 믿습니다. 하나님은 우리가 죄를 지을 가능성을 가지고 태어난 것 때문에 심판하시는 분이 아니십니다. 아담의 죄가 아니라 '내가 지은 나의 죄'를 심판하십니다.

3. 은혜

그러나 여전히 의문이 남습니다. "그래도 결국 모든 사람이 죄를 지을 수밖에 없는 환경에서 태어난다면, 그게 그거 아닙니까? 결국 모든 사람은 죄를 지을 수밖에 없고, 아무도 죄의 영향권을 벗어날 수 없다면, 결국 죄를 짓도록 운명 지워진 것과 무엇이 다른가요? 그리고 그렇다면 악의 책임은 결국 하나님께 있는 것 아닌가요? 악이 존재하도록 허락한 하나님이 불의하신 것 아닙니까?" 여러분은 어떻게 생각하십니까? 정말 하나님의 책임이라고 생각하십니까?

좋습니다. (성경은 그렇게 이야기하고 있지 않지만) 백번 양보해서 하나님의 책임이라고 칩시다. 그래서 하나님께서 하신 일이 있으십니다. 아무도 더 이상 하나님이 불공평하시다고 말할 수 없도록 한 가지 일을 행하셨는데, 그것이 성경의 세 번째 주제인 '은혜'입니다. 인간의 모든 죗값, 죄로 인해 치러야 할 형벌을 모두 대신 치러주시기로 결정하신 것입니다. 그리고 이를 위해 하나님의 아들 예수 그리스도를 이 세상에 보내셔서 십자가에 못 박히게 하셨습니다. 이것이 하나님의 공의인 동시에 하나님의 은혜입니다.

예수께서 십자가에 달리실 때 누구의 죄를 사하셨을까요? 믿는 사람들의 죄만 사하셨을까요? 아니면 모든 사람들의 죄를 사하셨을까요? 성경은 모든 사람들의 죄라고 이야기합니다.

[골 1:20] 그의 십자가의 피로 화평을 이루사 만물 곧 땅에 있는 것들이나 하늘에 있는 것들이 그로 말미암아 자기와 화목하게 되기를 기뻐하심이라

하나님은 만물, 모든 것의 죗값을 십자가에서 치르게 하셨습니다. 그러므로 이제는 누구도 하나님 앞에서 자신이 저지른 죄 때문에 심판받지 않게 되었습니다. 우리가 아담의 원죄 때

문에 죄를 지었든, 내가 좋아서 죄를 지었든, 상관이 없다는 것입니다. 하나님께서는 우리의 모든 죗값을 다 치르셨습니다. 그것이 어떤 죄든 간에 더 이상 그 죄 때문에 심판하지 않으시겠다는 것입니다. 그러므로 이제는 누구도 하나님 앞에서 "하나님은 공의롭지 않습니다"라고 말할 수 없습니다.

물론 하나님께서 이렇게 안 하시고 그냥 심판하셔도, 그것에 대해서 불의하다고 말할 수 없습니다. 우리 죄 때문에 심판받는 것이니까요. 그러나 이제는 더욱 말할 수 없게 된 것이, 그 죄까지도 하나님이 다 값을 지불하여주셨기 때문입니다. 여러분 중 어느 누구도 나중에 하나님 앞에 섰을 때 "이건 공평하지 않습니다!"라고 말할 수 없다는 것입니다. 예수께서 십자가를 대신 지심으로 여러분이 치러야 할 모든 죄의 형벌들을 다 대신 치르셨기 때문입니다.

그러므로 여러분이 죽어서 하나님 앞에 서게 되면, 하나님께서는 딱 한 가지만을 물으실 것입니다. 이 한 가지만을 가지고 심판하실 것입니다. 그것은 "왜 예수를 거부했느냐"는 것입니다. 왜 예수를 통해 주신 '은혜'를 받아들이지 않고 거부했느냐는 것입니다.

우리가 지은 모든 죄 - 과거의 죄, 현재의 죄, 미래의 죄까지 모든 죄는 이미 하나님의 고소장에서 지워졌습니다. 하나님은 그런 죄에 대해서는 기억도 못 하신다고 성경은 이야기합니다.

이제 우리에게 남은 죄가 있다면 딱 한 가지입니다. 이것을 '죄'라고 표현해야 할지 모르겠지만, 그것은 예수를 거부한 죄입니다. 하나님께서 행하신 구원의 방주에 올라타지 않은 죄 - 그것 하나밖에 없습니다. 죄의 선택이 우리의 선택이듯이, 구원의 선택도 우리의 선택입니다. 우리가 스스로 선택하여 구원의 방주에 올라타지 않는데, 하나님께서 억지로 태우실 수는 없습니다. 그렇게 억지로 하실 거라면, 애초에 선악과도 만드시지 않으셨을 테니까요.

4. 믿음

구원은 여러분이 평생 저질렀던 죄들을 모두 회개하고, 다시는 그런 죄를 짓지 않는 것이 아닙니다. 그런 죄들은 이미 예수의 십자가로 인해 하나님 앞에서 모두 해결되었습니다. 그렇다면 구원을 받으려면 어떻게 해야 합니까? 이것이 성경이 말하고 있는 네 번째 주제입니다.

구원을 받기 위해서 우리가 해야 할 일은 아무것도 없습니다. 그러나 한 가지는 해야 합니다. 그것은 하나님께서 해놓으신 일을 '받아들이는 것'입니다. 성경은 이것을 '믿음'이라고 이야기합니다. 다시 말해 우리의 구원은 예수를 믿느냐 안 믿느냐 - 예수께서 십자가에 죽으심으로 나의 모든 죄를 해결하셨다는 사실을 믿느냐 안 믿느냐에 의해 결정된다는 것입니다. 이제 하나님은 이것 하나만 물으십니다.

(1) 똑같은 조건 - 새로운 선악과

이런 상황을 보며 저는 하나님이 참 공의로우신 분이라고 느낍니다. 아직 예수를 믿기 전 제 앞에 놓여 있었던 "예수를 믿을 것이냐, 말 것이냐"의 선택은 선악과 앞에서 "먹을 것이냐, 말 것이냐"를 선택해야 했던 아담의 선택과 유사하다는 생각이 듭니다.

아무 죄도 없었던 아담. 그래서 선악과를 따먹지 말라는 하나님의 말씀에 순종하기만 하면 에덴동산에서 하나님과 영원히 살 수 있었던 아담. 그 아담과 똑같은 조건이 저에게도 주어진 것입니다. 저도 아담과 마찬가지로 아무 죄가 없습니다. 적어도 하나님이 보시기에는 그렇습니다. 십자가에서 저의 모든 죄가 해결되었으니까요. 이제 제 앞에는 오직 한 가지 선택 - 새로운 선악과만이 주어져 있습니다. 그것은 "예수가 행하신 구원의 은혜를 믿음으로 받아들이라"는 하나님의 말씀에 순종할 것인가, 말 것인가의 선택입니다. 선악과를 따먹지 말라는 하나님의 말씀에 순종할 것인가, 말 것인가 하는 선택의 기로에 서 있었던 아담처럼 말입니다.

하나님께서는 우리가 과거에 어떤 죄를 지었든 상관하지 않으십니다. 천하의 난봉꾼이든, 수십 명을 죽인 살인마든 하나님께서는 묻지 않으십니다. 예수께서 십자가에서 죽으셨으니까요.

하나님은 각 사람을 들어서 새로운 에덴동산으로 이끄십니다. 이 새로운 에덴동산에는 새로운 선악과가 서 있습니다. 그것은 십자가입니다. 그리고 마치 최초의 인류 아담에게 하셨던 것같이, 각 사람에게 똑같이 한 가지를 요구하십니다. 그것은 예수 그리스도의 십자가를 믿으라는 것입니다.

이 선택은 여러분에게 달려 있습니다. 그런 의미에서 십자가는 두 번째 선악과입니다. 선악과를 따먹고 안 따먹는 것이 아담의 자유로운 선택이었듯, 예수 그리스도의 십자가를 믿고 안 믿는 것은 여러분의 자유로운 선택입니다. 그러나 그 결과는 여러분이 책임지셔야 합니다. 아담은 선악과를 따먹음으로 에덴에서 쫓겨나 하나님과 분리된 삶을 살아야 했습니다.

여러분은 어떻게 하시겠습니까? 오늘도 하나님께서는 각 사람에게 아담과 똑같은 기회를 주십니다. 예수 그리스도를 믿음으로 하나님과 화목하게 되는 영원한 구원의 축복이 여러분에게 있기를 바랍니다.

5. 노아의 홍수

마지막으로 믿음과 구원이 무엇인지를 잘 설명해주고 있는 '노아의 홍수 사건'을 살펴보면서 선악과 이야기를 마치려 합니다. 홍수가 일어나자 노아 가족을 제외한 모든 사람이 다 죽었습니다. 왜 죽었을까요? 홍수 때문에 죽었을까요? 아닙니다. 방주에 올라타지 않았기 때문에 죽었습니다.

하나님께서 노아의 홍수 때 아무런 경고도 없이, 갑자기 홍수를 내리셨다고 생각하십니까? 아니요. 성경은 그렇게 이야기하지 않습니다. 방주는 조그만 통통배가 아니었습니다. 코끼리도 들어가고, 곰도 들어가야 했기에, 그 길이가 150m, 폭이 25m, 높이가 15m에 이르는 거대한 항공모함이었습니다. 사람들은 이 거대한 배를 보고 노아에게 물었고, 노아는 경고했습니다. 대홍수의 심판이 있을 것이라고. 그러나 불행하게도 사람들은 이 경고를 무시한 채, 심판의 그 날까지 바쁘게 살았습니다.

섬뜩하지 않습니까? 하나님께서는 성경을 통해 오늘도 계속 경고하십니다. 심판의 날이 있다고 말입니다.

[마 24:37-39] 노아의 때와 같이 인자의 임함도 그러하리라 홍수 전에 노아가 방주에 들어가던 날까지 사람들이 먹고 마시고

장가 들고 시집 가고 있으면서 홍수가 나서 그들을 다 멸하기까지 깨닫지 못하였으니 인자의 임함도 이와 같으리라

우리 모두는 언젠가 이 땅을 떠나 창조주의 심판대 앞에 서야 합니다. 불행하게도 사람들은 이 경고를 무시한 채 바쁘게 삶의 걸음을 재촉합니다. 먹고 마시고, 장가들고 시집가며 경고를 무시한 채 살아갑니다. 심판대 앞에 서는 그날까지. 성경은 그날이 노아의 때와 같이 임한다고 이야기합니다.

창조주의 심판대 앞에 서면 할 말이 없을 것입니다. 심판대에서는 오히려 하나님이 억울해하실 것입니다. "내가 그렇게 여러 번 경고했는데 왜 한 번도 심각하게 듣지 않은 것이냐?" 하나님은 참 방주이신 예수를 우리에게 주셨고, 이 방주로 올라오라고 끊임없이 초대하고 계십니다. 믿음으로 방주에 올라타는 사람은 구원을 받고, 그렇지 않은 사람은 영원한 멸망에 처해질 것입니다. 그렇기 때문에 여러분 모두가 이 구원의 방주에 올라타셨으면 좋겠습니다.

하나님께서는 예수 그리스도의 십자가를 통해 여러분을 원점으로 되돌려놓으셨습니다. 더 이상 여러분은 아담의 죄 아래 있지 않습니다. 그 죄로 말미암은 저주와 심판 아래 있지 않습니다. 하나님께서 그 죗값을 모두 치르셨습니다. 하나님은 예

수 그리스도의 십자가를 통해 여러분을 새로운 에덴동산으로 인도하십니다. 이제 여러분에게는 오직 한 가지 선택만 있을 뿐입니다. "예수 그리스도의 십자가를 믿을 것이냐? 말 것이냐?" 이것이 새로운 에덴동산에 서 있는 여러분의 선악과입니다.

선택은 여러분에게 있습니다. 기억하십시오. 여러분은 이제 핑계할 수 없습니다. "왜 세상에 악이 존재합니까? 아담이 죄를 지었는데, 왜 내가 벌을 받아야 합니까?" 이렇게 핑계 댈 수 없습니다. 하나님은 하나만 물으실 것이기 때문입니다. "예수를 믿을 것이냐 말 것이냐? 구원의 방주에 올라탈 것이냐 말 것이냐?" 이것이 여러분의 선악과이며, 그 선택에 대한 책임은 여러분에게 있습니다.

태초의 아담과 같이 에덴에서 쫓겨나는 불행이 여러분에게는 없기를 바랍니다. 여러분이 성령님의 도우심으로 하나님을 선택할 때, 하나님은 원래 아담을 통해 계획하셨던 에덴동산 - 하나님과 인간이 서로 사랑하며, 인간과 인간이 서로 사랑하는 하늘의 복된 계획을 여러분의 삶 속에서 이루어 가실 것입니다.

5

선악과의
축복

BELIEVE IN
GOD

여호와 하나님이 그 사람에게 명하여 이르시되 동산 각종 나무의 열매는 네가 임의로 먹되 선악을 알게 하는 나무의 열매는 먹지 말라 네가 먹는 날에는 반드시 죽으리라 하시니라 **창세기 2장 16–17절**

그런데 뱀은 여호와 하나님이 지으신 들짐승 중에 가장 간교하니라 뱀이 여자에게 물어 이르되 하나님이 참으로 너희에게 동산 모든 나무의 열매를 먹지 말라 하시더냐 여자가 뱀에게 말하되 동산 나무의 열매를 우리가 먹을 수 있으나 동산 중앙에 있는 나무의 열매는 하나님의 말씀에 너희는 먹지도 말고 만지지도 말라 너희가 죽을까 하노라 하셨느니라 뱀이 여자에게 이르되 너희가 결코 죽지 아니하리라 너희가 그것을 먹는 날에는 너희 눈이 밝아져 하나님과 같이 되어 선악을 알 줄 하나님이 아심이니라 여자가 그 나무를 본즉 먹음직도 하고 보암직도 하고 지혜롭게 할 만큼 탐스럽기도 한 나무인지라 여자가 그 열매를 따먹고 자기와 함께 있는 남편에게도 주매 그도 먹은지라 **창세기 3장 1–6절**

사람들은 선악과를 심술궂은 창조주의 장난 정도로 오해하지만, 선악과는 인간을 인간 되게 하는 가장 소중한 창조주의 축복입니다. 선악과로 인해 인간은 프로그래밍된 본능대로 살아가는 짐승들과 달리, 스스로의 의지로 선택할 수 있는 '영적인 존재'가 되었습니다. 그렇습니다. 본능을 거슬러 스스로의 의지로 선택한다는 것은 놀라운 일입니다. 이는 분명 하나님의 형상을 따라 지음 받은 존재만이 할 수 있는 영적인 일입니다.

이 단원에서는 '선악과의 의미'에 대해 조금 다른 각도에서 생각해보려 합니다. 선악과의 진정한 의미는 무엇이며, 선악과를 따먹으면 죽게 될 것이라는 하나님의 말씀은 무슨 뜻인지 하는 문제들을 살피고자 합니다. 선악과의 축복을 깨닫고 누리게 되시기를 바랍니다.

1. 선악과는 인간이 어떤 존재인지를 말해준다

먼저 선악과의 의미부터 살펴보도록 하지요. '선악과'는 기독교적 인간관의 핵심이라 할 수 있습니다. 선악과를 통해 우리는 하나님이 창조하신 인간이 어떤 존재인지를 알 수 있습니다. 성경은 선악과를 통해 인간의 중요한 두 가지 본질을 이야기합니다.

(1) 인간은 피조물이다

첫째, 선악과는 인간이 '피조물'이라는 사실을 말해줍니다. 하나님은 인간을 창조하시고 인간에게 모든 것을 주셨습니다. 금하신 것이 아무것도 없었습니다. 원래 인간을 위해 창조하신 세상이었기에 금하실 이유가 없었기 때문입니다. 오히려 인간이 이 모든 것을 누리기 원하셨습니다.

그런데 하나님께서 이 모든 것을 허락하시고는 아담에게 딱 한 가지만을 요구하십니다. 그것은 바로 "내가 너를 만들었다. 내가 너의 창조주이고 아버지다"라는 사실은 잊지 말라는 것이었습니다. "너는 피조물이고, 나는 창조주다. 나는 하나님이고, 너는 인간이다. 너는 너 스스로 있는 자가 아니라, 나로 말미암아 존재하는 자다." 이 사실을 잊지 말고 기억하라는 것이었습니다. 성경에서 하나님은 자신을 "스스로 있는 자"라고 말씀하십니다.

[출 3:14] 하나님이 모세에게 이르시되 나는 스스로 있는 자이니라…

이것이 '여호와'라는 단어의 뜻입니다. 그러나 인간은 그렇지 않습니다. 인간은 스스로 있는 자가 아니라, 하나님으로 말미암아 존재하는 자입니다. 그리고 선악을 알게 하는 나무의 열매를 따먹지 않는 순종은, 이 창조의 질서를 인정한다는 '동의서'였습니다.

뒤에서 좀 더 이야기하겠지만, 인간 이외의 피조물들은 '본능적'으로 창조의 질서에 순종합니다. 창조의 질서를 어길 만한 능력이 없습니다. 그러나 인간은 그렇지 않습니다. 하나님의 형상으로 창조하셨기에 본능적으로, 선택의 여지없이 창조의 질서에 순종하는 존재가 아닙니다. 인간은 의지를 가지고 자발적으로, 즉 스스로 선택해서 이 질서에 순종할 수 있는 존재입니다. 이것이 바로 선악과입니다.

피조물 : God-dependent

선악과는 이렇게 인간이 피조물이라는 사실을 상기시킵니다. 그런데 이 '피조물'이라는 단어를 좀 더 잘 이해할 필요가 있습니다. 피조물임을 인정하라는 말은 하나님이 무슨 깡패처럼

"너 내가 대장인 거 인정해라. 안 하면 죽는다!" 이런 말이 아닙니다. 피조물의 의미는 단순히 태초에 창조주가 인간을 만들었다는 것이 아니라, 인간은 창조주에게 의존해야만 하는 존재라는 의미입니다. 다시 말해 피조물인 인간은 하나님 없이는 원래 지음 받은 충만한 삶과 생명을 누릴 수 없을뿐더러, 실제로 존재할 수도 없는, 그런 '하나님 의존적인'(God-dependent) 존재라는 것입니다.

하나님은 그렇지 않으십니다. 하나님은 스스로 존재하실 수 있고, 스스로 존재하십니다. 그러나 인간은 반드시 하나님이 필요합니다. 인간은 'God-dependent' 한, 하나님 없이는 살 수 없는 존재입니다.

제가 어렸을 때 많은 아이들이 정말 부러워하고 가지고 싶어 했던 것은 단연코 미니카였습니다. 길이가 7-8cm 정도 되는 정밀하게 만든 모형차입니다. 당시만 해도 우리나라에서는 이런 걸 만들지 못했기 때문에 외국에 다녀오시는 분들이 하나씩 선물로 사다주시곤 했는데, 참 구하기 힘든 장난감이었습니다.

그런데 어느 날, 저희 부모님이 미국에 다녀오시면서 아주 굉장한 장난감을 사 오셨습니다. 미니카인데, 그 작은 미니카 안에 모터가 들어가 있어서 실제로 달리는 미니카였습니다!

'죽어 있는' 모형이 아니라, '진짜 생명이 있는' 미니카였던 것입니다.

제가 얼마나 충격을 받았는지 모릅니다. 요즘 기술로 치면 아무것도 아니겠지만, 당시로서는 충격이었습니다. 이 작은 게 어떻게 달릴까, 너무 신기해서 미니카를 분해해보았습니다. 정말 손톱만 한 모터가 들어가 있었는데, 경이롭기까지 했습니다.

그런데 이 미니카는 아무 데서나 달리지는 못했습니다. 당시만 해도, 이렇게 작은 미니카 안에 배터리를 넣을 수 있는 기술이 없었거든요. 그래서 이 미니카를 위해 만들어진 특별한 기차철도 같은 레일이 필요했습니다. 정교하게 만들어진 레일을 통해 미니카가 전원을 공급받게 디자인된 것이었습니다.

이런 레일들을 여러 개 연결해서 자동차 경주장을 만들었습니다. 그리고 레일에 전원을 공급해주면, 이 자동차가 레일 위를 신나게 달렸습니다. 제가 이 장난감을 참 좋아했습니다. 그런데 어느 날, 이사를 하면서 그만 이 레일들을 잃어버리고 말았습니다! 외국에서 사 온 장난감이다보니 레일을 다시 구할 수도 없었습니다. 그러다보니 그만 차만 덩그러니 남게 되었습니다.

어느 날, 친구들이 놀러 와서 미니카를 찬찬히 들여다보니,

이상합니다. 보통 미니카하고는 다르게, 전원이 연결되는 단자가 있고, 속에 모터까지 있습니다. 아주 정밀하게 만들어져 있는데, 달리지를 못하는 겁니다. 친구들이 제게 물었습니다. "야, 이거 달리지도 못하는 게 왜 모터까지 달려 있냐?" "아, 그거. 그건 원래 레일 위에서 달리도록 디자인된 거야. 근데 레일을 잃어버렸거든. 그래서 이제 죽었어. 달리지 못해."

그 미니카는 '레일 의존적인' 존재였습니다. 그래서 레일을 잃어버린 순간 자동차의 생명이 끝났습니다. 겉모양은 멀쩡해 보이지만, 이 자동차가 원래 설계되었던 기능 - 신나게 레일 위를 달리는, 그 본래의 기능은 죽어버린 것입니다. 여러분, 그 미니카는 그저 장식용으로 선반 위에 두기 위해서 만들어지지 않았습니다. 레일 위를 질주하도록 지음 받았습니다.

인간은 '하나님 의존적인 존재'라는 의미가 바로 이런 것입니다. 인간은 원래 하나님이라고 하는 레일을 통해 생명을 공급받고, 그 레일 위에서만 달리도록 디자인된 존재입니다. 그래서 하나님을 잃어버리고 그분을 떠나게 되면 생명을 잃게 되는 것입니다. 정교한 모터와 바퀴를 가지고도 레일 위에 있지 않기 때문에 달리지 못하고 죽어 있어야만 하는 자동차같이, 하나님을 떠난 인간은 그 모든 위대함에도 불구하고 죽을 수밖에 없는 존재가 된 것입니다.

"무슨 소리야? 난 하나님 안 믿을 때도 잘 먹고 잘 뛰고 아무 문제없이 살았는데?" 여러분, 이 착각은, 레일 위를 달리는 미니카를 한 번도 보지 못하고, 장식장에 있는 것만 본 친구의 착각과 같습니다.

원래 인간은 이 정도의 목적을 위해 창조된 존재가 아닙니다. 예수 그리스도의 생명과 맞바꿀 정도로 소중하고 위대한 존재가 저와 여러분입니다. 아마 레일 위를 달리는 인간의 모습을 한 번이라도 보았다면, 지금 장식장 위에 놓여 있는 모습이 얼마나 '죽어 있는' 모습인지 알 수 있을 것입니다.

여러분을 향한 창조주 하나님의 원래 계획, 여러분의 데스티니(destiny), 그 위대하고 또 위대한, 놀랍고 또 놀라운, 여러분을 창조하신 목적이 발휘되기 위해서는 반드시 하나님을 만나야만 합니다. 저는 하나님을 만나지 못하고 인생을 마무리하는 사람들을 보면 너무너무 안타깝습니다. 그 정교한 모터와 톱니바퀴에도 불구하고 레일을 떠났기에 달리지 못하는 모습이 '오버랩'되기 때문입니다. 여러분은 레일 위를 질주하도록 창조된 존재이지, 장식장 위에 죽어 있도록 창조된 존재가 아닙니다! 하나님께로 돌아가십시오! 그리고 레일 위를 질주하십시오! 이것이 여러분의 데스티니입니다.

사실 우리 삶을 돌아보면, 하나님이 공급해주시지 않으면 살 수 없다는 것을 알 수 있습니다. 우리가 호흡하는 공기, 마시는 물, 생명의 근원인 태양까지, 모두 하나님이 공급하시는 것들입니다. 하나님이 공급을 멈추시면, 우리는 단 1초도 살 수 없습니다. 선악과를 따먹음으로 인간이 하나님을 떠났어도, 은혜의 하나님은 이 물질적인 공급을 멈추신 적이 없습니다. 그래서 오늘 우리가 숨 쉬고 살아가고 있습니다.

선악과를 먹으면 죽게 되는 것은, 하나님을 배신했기 때문에 벌을 받는 것이 아닙니다. 하나님을 떠나는 것은, 마치 자동차가 레일을 떠나는 것과 같습니다. 하나님을 떠나는 것 자체가 생명선을 잘라버리는 죽음인 것이지요.

피조물 : 너는 내 아들이다

그렇기에 '피조물'이란 사실 기분 나쁜 말이 아닙니다. 인간이 피조물이고 의존적인 존재라고 이야기하면 불쾌해하시는 분들이 있습니다. 자존심 상해합니다. 인간이 만물의 영장인데, 왜 신 앞에서 비굴하게 의존해야 하느냐는 것입니다. "저거 따먹으면 죽인다고 협박(?)하는데, 그게 말이 되냐? 나도 권리가 있다"라고 말하며 자존심 상해합니다. 그리고 사실은 이것이 선악과를 따먹었던 아담의 마음이기도 합니다.

그런데 사실, 인간이 피조물이고, 하나님 의존적인 존재라는 것은 기분 나빠할 말이 아닙니다. 이것은 인간이 하나님의 사랑을 받아야만 살 수 있도록 창조된 존재라는 뜻입니다. 피조물이란 "너는 내 아들이다"라는 하나님의 선포입니다. "너는 나의 사랑을 받아야만 살 수 있는 존재다. 너는 독립적으로는 절대로 살 수 없는 존재다. 너는 하나님이라고 하는 레일을 떠나서는 달릴 수 없는 존재다." 하나님께서는 이 말씀을 하고 계신 것입니다.

아마 선악과를 만드시면서 하나님도 이런 생각을 하셨을 것입니다. "가만있어 봐, 이 녀석이 혹시…. 에이, 그럴 리야 없겠지만, 그래도 혹시 이 녀석이 바보같이 나를 떠나는 거 아니야? 그러면 안 되는데. 그러면 이 녀석, 죽는데…."

하나님은 사랑과 염려 속에서 아담에게 절대로 선악과를 따먹지 말라고 말씀하신 것입니다. 선악과를 하나님의 명령으로 이해하기 전에, 선악과 속에 담긴 하나님의 진심을 볼 수 있으면 좋겠습니다. 선악과는 하나님의 사랑의 표현입니다. "나는 너의 창조주요 공급자다. 너는 나의 사랑을 받는 존재다. 너는 내 사랑의 공급을 떠나서는 살 수 없는 존재로 창조되었다." 이 사랑의 선포가 선악과입니다.

(2) 인간은 영적인 존재다

선악과가 말해주는 인간의 두 번째 특징은 인간은 '영적인 존재'라는 것입니다. 다시 풀어쓰면 인간은 하나님의 사랑을 받아야만 살 수 있는 존재일 뿐 아니라, 하나님을 사랑할 수 있는 존재라는 것입니다. 저와 여러분은 하나님과 인격적인 관계를 맺을 수 있는 존재입니다.

짐승이 선악과를 먹으면 어떻게 될까?

여러분, 에덴동산에 살았던 짐승들이 선악과 열매를 먹었을까요? 안 먹었을까요? 안 먹었다고요? 글쎄요. 저는 먹었을 것 같습니다. 강아지는 키가 안 닿아서 못 먹었을지 몰라도, 새나 벌레는 아마 먹지 않았을까요? 선악과 열매도 안 먹고 계속 놔두면 썩을 거 아닙니까? 썩는다는 것은 미생물들이 이 과일을 먹는다는 말이지요. 미생물들도 먹는데, 동물이라고 못 먹을 이유는 없잖아요? 아마 먹었을 것 같습니다.

아담이 기르던 강아지도 지나가다 떨어진 선악과 열매를 먹었을지 모릅니다. 그러면 여러분, 만약에 짐승이 선악과 열매를 먹었다면 어떻게 되었을까요? 짐승들이 모두 하나님의 저주를 받았을까요? 죽었을까요? 저는 그렇지 않다고 생각합니다. 먹었는지 안 먹었는지는 잘 모르겠지만, 설령 짐승들이 이 열매를 먹었다 해도 별 상관이 없었을 것입니다. 왜냐하면, 선악과를 따먹지 말라는 명령은 하나님이 아담에게만 주신 명령이거든요. 오직 인간에게만 주신 명령이었다는 것입니다. 짐승들은 이것을 먹어도 상관이 없었습니다.

선악과는 인간이 동물과는 다른 존재라고 하는 사실을 말해줍니다. 앞서 이야기했지만, 인간은 영적인 존재입니다. 그리고 인간만이 영적인 존재입니다. 영적인 존재라는 말의 의미는, 영적인 존재이신 하나님과 소통할 수 있는 존재라는 뜻입니다. 하나님과 교제할 수 있는 존재라는 뜻입니다. 하나님을 인격적으로 사랑할 수 있는 존재라는 뜻입니다. 이것이 영적인 존재라는 말의 의미입니다. 그리고 오직 인간만이 그렇게 할 수 있습니다. 그렇기에 인간 이외에 어떤 동물도 종교를 가지고 있지 않습니다. 오직 인간만이 할 수 있는 일이 종교, 즉 창조주를 인식하는 것입니다. 인간만이 영적인 존재이기 때문입니다.

동물은 본능적으로 순종하지, 의지적으로 순종하지 않는다
영적인 존재, 하나님을 자발적으로 사랑할 수 있는 존재라는 것이 무슨 의미인지를 이해하기 위해서 영적인 존재가 아닌 동물과 비교해보지요. 동물과 인간은 중요한 차이가 있습니다.

그것은 동물들은 하나님께 '본능적으로' 순종하지만, 인간은 하나님께 '의지적으로' 순종한다는 것입니다. 동물들은 하나님의 뜻에 본능적으로 순종합니다. 동물들은 하나님의 뜻, 창조의 질서를 어길 만한 능력이 없습니다. 처음부터 그렇게 지음 받았습니다.

연어는 알을 낳기 위해 강을 거슬러 올라갑니다. 아무리 힘들고 어려워도 이 본능을 거스르지 않습니다. 하나님이 그렇게 지으셨기 때문입니다. 연어에게는 처음부터 이것을 거스를 능력이 주어지지 않았습니다. 그래서 연어와 하나님은 '인격적인 관계'를 맺을 수가 없습니다. 연어는 본능적으로 하나님이 지으신 질서대로 순종해야 하는 '비인격적인 반응' 이상의 반응을 보일 수 없기 때문입니다.

그러나 인간은 다릅니다. 하나님은 아담과 하와를 지으시고, 그들에게 스스로 선택하고 결정할 수 있는 자유의지를 주셨습니다. 본능적으로 하나님의 뜻대로 움직일 수밖에 없는 무미건조한 존재가 아니라, 자발적으로 사랑의 반응을 보일 수 있는 존재로 만드신 것입니다. 그리고 하나님은 인간이 이 자유의지를 사용해서 자발적으로 하나님을 선택하기를 원하셨습니다. 왜냐하면 그것이 '사랑'이기 때문입니다.

부모의 마음

자식을 키우면서 가장 기쁘고 보람을 느낄 때가 언제일까요? 옛날 분들은 자식이 첫 월급으로 내복을 사 가지고 찾아올 때라고 이야기하고는 합니다. 요즘은 내복이 아니라, 핸드폰 사 가지고 올 때라고 할까요? 저희 큰아이가 다섯 살 때 제 생일 선물을 챙겨줬는데, 그때 얼마나 기쁘고 흐뭇했는지 모릅니다. 뭐 대단한 것은 아니었습니다. 심지어 돈도 제게서 타가지고 갔습니다(다섯 살짜리가 무슨 돈이 있었겠어요!) "아빠, 돈 좀 줘." "왜?" "비밀이야!" 비밀이라고 해도 다 알지요. 줬습니다. 그랬더니 선물이라고 뭔가를 사 가지고 왔습니다. 별것 아니었지만, 가격과는 상관없이 참 기쁘고 행복했습니다. 선물이 아니라 마음 때문이었겠지요.

부모들은 왜 이 작은 선물에 그렇게 감격할까요? 사실 내복이 필요하면 얼마든지 사 입을 수 있습니다. 나가기 귀찮으면 인터넷으로 주문할 수도 있고요. 부모가 자식의 선물에 감격해하는 것은 그 '마음' 때문입니다. 부모에게 감사하는 마음, 부모님을 아끼고 사랑하는 마음 말입니다. 의무감으로 어쩔 수 없이 하는 것이 아니라, 사랑하기에 나오는 반응, 이 자발적인 마음 때문에 부모들은 감격합니다.

강요된 억대 핸드폰은 사기다

그런데 만약 어떤 부모가 자식에게 "너 핸드폰 사 와. 안 사 오면 부모 자식의 연을 끊을 거야!" 이렇게 강요했다고 생각해 보십시오. 그래서 자식이 선택의 여지없이 핸드폰을 사 왔습니다. 그때도 이 부모가 핸드폰을 끌어안고 감격할까요? 그렇지 않을 것입니다. 강요에 의해 사 온 것이라면 그 핸드폰은 그냥 핸드폰에 불과합니다.

사실 이 경우, 부모는 엄청난 손해를 본 것입니다. 손익 계산서를 한 번 비교해보세요. 자식 하나 키우는 데 들어간 돈이 얼마인데요! 족히 억 단위가 넘어가지 않겠습니까? 핸드폰이요? 비교가 안 됩니다. 만약 억지로 사 온 핸드폰 자체가 목적이었다면, 부모는 완전히 사기당한 것입니다. 수억을 주고 핸드폰 하나를 산 것이니 말입니다.

사랑은 억대 핸드폰을 횡재로 만든다

그러나 부모의 감격은 선물 자체에 있지 않습니다. 선물 속에 담긴 자식의 마음에 감격하는 것이지요. 핸드폰을 통해 전달된 이 사랑은 수억을 줘도 아깝지 않은, 아니 목숨까지 줘도 아깝지 않은, 세상에서 가장 가치 있는 보물입니다. 그래서 모든 부모들이 바보같이 수억을 지불하며 '자녀가 들고 온 핸드폰'을 구입하는 것 아니겠습니까? 우리가 드린 얼마 안 되는 핸드폰을 부모님은 수억 원짜리로 받으십니다.

하나님은 왜 선악과를 만드셨을까요? 예. 하나님은 인격적인 교제를 원하셨습니다. 강요에 의해, 선택의 여지없이 하나님을 따라가는 그런 무미건조한 존재 말고, 하나님과 사랑을 나눌 수 있는 존재를 창조하신 것입니다. 그리고 '사랑'이라는 이 인격적 관계는 자발적 선택이 담보되어야만 가능합니다.

이를 위해 인간에게 선택의 자유, 하나님까지 배신할 수 있는 자유를 주신 것입니다. 배신하라고요? 아니요. 사랑하라고요! 이것이 선악과입니다. 많은 것을 기대하신 것이 아닙니다. 따뜻한 마음에서 나오는 진심 어린 고백, "하나님 사랑합니다!" 이 하나를 기대하시고 모든 것을 쏟아부으신 것입니다. 생명까지 말입니다.

우리가 드리는 예배는 바로 이 고백을 드리는 행위입니다. 하나님이 얼마나 선하신 분인가에 대한 고백, 감사함의 고백, 이 고백을 들으시는 것이 하나님의 기쁨이며, 선악과를 만드시면서까지 우리를 지으신 이유입니다.

2. 선악과 : 사랑하기로 결단하신 하나님의 선택

선악과를 따먹지 말라는 하나님의 말씀은 위대한 명령입니다.

인간을 '영혼을 가진 존재', '사랑할 수 있는 존재'가 되게 하신 명령입니다. 모든 창조를 마치신 하나님께서 아담을 데리고 동산 중앙으로 가십니다. 그리고 마침내 가장 위대한 창조의 정점을 이루십니다. 인간에게 영혼을 부여하시는 순간입니다. "저 선악을 알게 하는 나무 실과는 따먹지 말라." 이 말씀을 하시는 순간, 바로 그 순간 인간은 단순한 육체에서 하나님과 같은 존재, 사랑할 수 있는 영적인 존재가 되었습니다.

동시에 이 말씀을 하시는 순간, 하나님께서는 인간에게 자신의 목숨을 주실 것을 결단하셨습니다. 부모가 갓 태어난 자녀를 품에 안고 아이를 향한 헌신을 결심하듯 말입니다. 여러분, 선악과는 명령이기 이전에 하나님의 사랑입니다. 하나님은 인간과 '명령과 복종의 관계'가 아닌 '사랑과 사랑이 반응하는 관계'를 맺기로 결정하신 것입니다.

그리고 그 결정에는 모든 것을 바쳐 우리를 사랑하시겠다는 하나님의 결단이 담겨 있습니다. "너는 내 아들이다. 내가 너와의 사랑의 관계를 위해 나의 모든 것을 올인한다!" 이것이 선악과입니다. 선악과는 명령이기 이전에 사랑입니다. 저와 여러분을 생명 다해 사랑하시겠다고 하는 하나님의 선택이 바로 선악과입니다.

아마 하나님은 선악과 나무에 열매가 보이지 않는 것을 발견하신 순간, 심장이 덜컹 내려앉으셨을 것입니다. 세어보고 다시 또 세어보셨을 것입니다. "어? 두 개가 모자라네···. 설마 이 녀석이?" 그리고 바로 그 순간부터 이 일을 해결할 대책을 모색하셨습니다. 예수 그리스도를 보내심으로, 자신의 목숨을 주심으로, 다시 한 번 사랑의 관계를 회복하실 것을 말입니다.

3. 결론

하나님께서 우리에게 기대하시는 것은 사랑입니다. 사랑을 표현하십시오. 어떻게요? 먼저 하나님을 인정하십시오. 여러분의 입을 열어 하나님께 감사와 사랑을 표해보십시오. 그분을 예배하십시오. 예배란 하나님의 하나님 되심과 우리의 피조물 됨을 인정하고 고백하는 것입니다. 하나님은 여러분이 하나님을 아버지라 부를 때 즐거워하십니다. 그리고 작은 것이지만, 하나님이 기뻐하는 일을 행하십시오. 그것은 하나님으로부터 부여받은 사랑할 수 있는 능력을 사용해, 이웃과 나누는 것입니다. 성경은 이렇게 이야기합니다.

[눅 9:48] 그들에게 이르시되 누구든지 내 이름으로 이런 어린 아이를 영접하면 곧 나를 영접함이요 또 누구든지 나를 영접하면 곧 나를 보내신 이를 영접함이라 ···

하나님께서 우리를 사랑할 수 있는 존재로 만드신 것이 감사하지 않으십니까? 그 덕분에 우리는 만 원짜리 선물을 수억 원짜리로 주고받습니다!

여러분, 감사하는 분들께, 그리고 우리의 사랑이 필요한 분들에게 사랑을 나누십시오. 하다못해 손수건 한 장이라도 선물하십시오. 만 원짜리 손수건이 그 사랑의 크기에 따라 수천만 원, 수억 원짜리 손수건으로 변합니다. 이것이 선악과의 축복이고, 사랑의 비밀입니다.

사랑은 표현하는 것입니다. 선악과를 통해 우리에게 주어진 사랑의 진짜 능력은, 아주 작은 것, 아주 하찮은 것을 세상에서 가장 위대하고 가장 감격스러운 보물로 바꾸는 하나님의 능력이며 선물입니다. 하나님께서 주신 선악과의 축복을 누리시며, 수억 원짜리 선물들을 턱턱 나누시는 여러분이 되시기를 바랍니다.

6

선악과
후유증

BELIEVE IN
GOD

그런데 뱀은 여호와 하나님이 지으신 들짐승 중에 가장 간교하니라 뱀이 여자에게 물어 이르되 하나님이 참으로 너희에게 동산 모든 나무의 열매를 먹지 말라 하시더냐 여자가 뱀에게 말하되 동산 나무의 열매를 우리가 먹을 수 있으나 동산 중앙에 있는 나무의 열매는 하나님의 말씀에 너희는 먹지도 말고 만지지도 말라 너희가 죽을까 하노라 하셨느니라 뱀이 여자에게 이르되 너희가 결코 죽지 아니하리라 너희가 그것을 먹는 날에는 너희 눈이 밝아져 하나님과 같이 되어 선악을 알 줄 하나님이 아심이니라 여자가 그 나무를 본즉 먹음직도 하고 보암직도 하고 지혜롭게 할 만큼 탐스럽기도 한 나무인지라 여자가 그 열매를 따먹고 자기와 함께 있는 남편에게도 주매 그도 먹은지라 이에 그들의 눈이 밝아져 자기들이 벗은 줄을 알고 무화과나무 잎을 엮어 치마로 삼았더라 그들이 그 날 바람이 불 때 동산에 거니시는 여호와 하나님의 소리를 듣고 아담과 그의 아내가 여호와 하나님의 낯을 피하여 동산 나무 사이에 숨은지라 여호와 하나님이 아담을 부르시며 그에게 이르시되 네가 어디 있느냐 이르되 내가 동산에서 하나님의 소리를 듣고 내가 벗었으므로 두려워하여 숨었나이다 이르시되 누가 너의 벗었음을 네게 알렸느냐 내가 네게 먹지 말라 명한 그 나무 열매를 네가 먹었느냐 아담이 이르되 하나님이 주셔서 나와 함께 있게 하신 여자 그가 그 나무 열매를 내게 주므로 내가 먹었나이다 여호와 하나님이 여자에게 이르시되 네가 어찌하여 이렇게 하였느냐 여자가 이르되 뱀이 나를 꾀므로 내가 먹었나이다 **창세기 3장 1-13절**

지난 장에서 살펴보았듯이 죄는 창조주 하나님의 질서를 깨는 것입니다. 그렇기에 죄에는 저주가 따릅니다. 하나님이 마련해 놓으신 그 놀라운 복을 누리지 못하기 때문입니다. 이번 단원에서는 창세기 3장의 말씀을 통해 하나님의 질서를 깨고 선악과를 따먹음으로 생긴 저주, '선악과 후유증'에 대해 살펴보려 합니다.

1. 선과 악을 스스로 결정하는 인간

(1) 벌거벗은 몸을 부끄럽다고 정의하다

선악과를 따먹고 난 후 아담과 하와가 가장 처음 한 일은 무엇이었을까요? 나뭇잎으로 치마를 만들어 입었다고요? 예, 맞습니다. 그러나 그 전에 한 일이 있었습니다. 그것은 '벗은 몸을 부끄럽다고 느낀 것'입니다. 선악과를 먹기 전에는 벗은 몸을 부끄러워하지 않는데, 왜 선악과를 먹고 나니까 갑자기 부끄러워졌을까요? 창세기 3장 11절은 이렇게 이야기합니다.

> [창 3:11] 이르시되 누가 너의 벗었음을 네게 알렸느냐 내가 네게 먹지 말라 명한 그 나무 열매를 네가 먹었느냐

하나님께서 "누가 너의 벗었음을 네게 알렸느냐?"라고 물으십니다. 여기서 '알리다'를 뜻하는 히브리어 동사 '나가드'의 의미는 그냥 단순히 "말하다"가 아닙니다. 나가드의 어원에는 "반대편에 서다"라는 의미가 들어 있고, 이 어원으로부터 "선언하다, 고발하다, 틀렸다고 주장하다" 등의 뜻이 파생되어 나옵니다. 그러니까 11절의 하나님의 질문을 좀 더 풀어 설명하면 "누가 너의 벗은 것이 잘못된 것이라고 정했느냐?"라는 뜻입니다.

아담과 하와가 선악과를 따먹고 가장 처음 한 일은 "벗은 몸은 부끄러운 것이다. 벗은 것은 옳지 않은 일이다"라는 '기준을 정한 것'입니다. 하나님은 한 번도 "벗은 것은 부끄러운 일이고 잘못된 일이다"라고 정하신 적이 없는데, 아담과 하와가 스스로 이렇게 정해버렸습니다!(오해는 하지 마십시오. 하나님이 누드족을 선호하신다는 뜻이 아닙니다. 선악과 사건 후 하나님께서는 인간에게 옷을 지어 입히셨습니다.)

결국 선악과를 따먹고 인간이 행한 첫 번째 일은 '무엇이 선

한 것이고 무엇이 잘못된 것인지를 스스로 결정한 것'입니다. 이전에는 누가 이것을 결정했을까요? 예. 하나님이 결정하셨습니다. 질서를 정하시는 분은 창조주이시고, 인간은 창조주의 질서를 따르며 그 속에 거하는 존재로 지음 받았으니까요. 그런데 선악과를 따먹은 인간은 하나님의 질서를 떠나 스스로 선과 악의 기준을 결정하기 시작했습니다.

(2) 소견에 옳은 대로

자, 그런데 이렇게 각자의 기준에 의해, 소견에 옳은 대로 행동하게 되면 어떤 결과가 나타날까요? 회사를 생각해봅시다. 회사가 제대로 돌아가려면 일정한 규칙과 질서에 의해서 움직여야 합니다. 그렇지 않고 각 사원이 '자신이 생각하기에 옳은 대로' 결정하고 행동한다면 어떻게 될까요? 엉망이 될 겁니다. 회사는 금방 문을 닫게 되겠지요.

사회도 마찬가지입니다. 하나님을 떠나 창조주의 질서를 무시하고 벗어난 인간은 각자의 소견대로 질서를 정합니다. 그 결과 당연히 갈등이 따라옵니다. 나는 이게 옳다는 것을 100퍼센트 확신하는데, 저 사람은 그게 틀렸다는 것을 100퍼센트 확신합니다. 하나님을 떠난 인간은 절대적 기준을 상실했습니다. 그리고 각자가 선과 악을 결정합니다.

(3) 윤리의 근거가 없어지다

많은 철학자들이 고민하는 문제 중 하나는 인간이 정한 윤리에 그 정당성을 담보해줄 근거가 없다는 것입니다. 무엇이 선하고 무엇이 악한 것인지, 그 근거를 찾는 것이 난제 중 난제입니다. 동성애든, 간음이든, 불륜이든 그것이 왜 악한 것인지를 규명할 근거를 찾는 일은 쉽지 않습니다. 예를 들어 에스키모인의 한 부족은 친한 친구가 오면 아내를 빌려줍니다. 이 사회에서는 그렇게 하지 않으면 나쁜 사람입니다. 우리로서는 이해할 수 없는 문화입니다.

왜 어느 사회에서는 선이라 여겨지는 것이 다른 사회에서는 악으로 여겨질까요? 사회계약론이니, 최대 다수의 최대 행복이니 여러 가지 근거들을 제시하려 하지만, 결국 우리가 도달하게 되는 결론은 잘 모른다는 것입니다. 하나님을 떠난 인간은 '윤리의 근거'를 잃어버렸습니다. 무엇이 선이고 무엇이 악인지 구분할 근거가 없어져버렸습니다.

그런데 성경은 질서를 정하시는 분은 하나님이시라고 이야기합니다. 인간은 질서를 정하는 존재가 아니라 질서를 따라야 하는 존재입니다. 그렇게 지음 받았습니다. 왜 동성애가 나쁩니까? 하나님이 그렇게 말씀하셨으니까! 왜 간음이 나쁩니까? 하나님이 그렇게 하지 말라고 하셨으니까! 이것이 선과 악의 근거입니다.

이것 외에 다른 윤리의 근거를 찾는다고요? 글쎄요. 머리 좋은 철학자들이 수백 년을 찾아도 못 찾았고, 앞으로도 못 찾을 것입니다. 왜냐하면 질서는 하나님만이 정하시는 것이기 때문입니다. 하나님을 제외한 질서라고요? 그런 것은 없습니다. 인간은 원래 하나님이 선과 악을 정해주셔야만 선과 악을 알 수 있는 존재로 지음 받았습니다. 그래서 하나님께로 돌아가기 전에는 해답이 없습니다.

[약 4:11-12] … 네가 만일 율법을 판단하면 율법의 준행자가 아니요 재판관이로다 입법자와 재판관은 오직 한 분이시니 능히 구원하기도 하시며 멸하기도 하시느니라 너는 누구이기에 이웃을 판단하느냐

(4) 인간의 기준

그렇다면 하나님을 떠난 인간, 하나님과 상관없이 살아가는 인간이 선과 악을 결정하는 기준은 무엇일까요? 고상한 척하며 복잡하게 많은 이야기를 늘어놓을 수 있지만, 그 본질은 단순합니다. "나에게 이익이 되면 선이고, 나에게 손해가 되면 악이다"라는 것입니다. 이것이 인간의 기준입니다. 그렇지 않습니

까? 물론 낯이 뜨거우니 직접적으로 이렇게 이야기하지는 않습니다. 그러나 내면 깊은 곳을 들여다보십시오. 결국 이것이 우리의 선과 악의 기준 아닐까요?

(5) 갈등 - 다툼 - 전쟁

그렇기에 하나님을 떠난 인간은 결코 '갈등'을 피할 수 없습니다. 그리고 이 갈등이 자라서 다툼이 되고, 다툼이 집단화되어 전쟁이 됩니다. 인류 역사에 전쟁이 없었던 적이 한순간이라도 있었을까요? 없었습니다. 단 한 순간도 전쟁이 없었던 적은 없었습니다. 지금 이 순간에도 어디선가 전쟁이 벌어지고 있습니다. 개인적으로도 마찬가지입니다. 하나님과 상관없이 살아왔던 여러분의 인생을 돌아보십시오. 한순간도 갈등이나 다툼이 없었던 적이 있었습니까? 아마 없었을 것입니다.

　선과 악의 기준을 스스로 결정하면 행복할 것이라 생각했지만, 사실은 반대였습니다. 하나님을 떠난 결과는 혼란과 무질서 그리고 고통뿐이었습니다. 하나님을 떠나버린 인간은 삶의 의미와 함께 행복까지 잃어버렸습니다. 그리고 성경은 이것을 죄의 결과라고 이야기합니다. 로마서 1장 32절을 봅시다.

[롬 1:32] 그들이 이같은 일을 행하는 자는 사형에 해당한다고

하나님께서 정하심을 알고도 자기들만 행할 뿐 아니라 또한 그런 일을 행하는 자들을 옳다 하느니라

하나님이 정하신 것 - 하나님이 악하다고 정하신 것을 인간이 옳다고 주장한다는 것입니다. 하나님은 분명히 "그것은 악하다. 그것은 틀렸다"라고 말씀하시는데, 우리는 "아니다. 그거 맞다. 그거 옳은 거다"라고 주장한다는 것입니다. 하나님의 기준을 부인하고, 스스로 기준을 세운 것입니다. 이것이 죄의 시작이고, 우리가 겪고 있는 고통의 시작입니다.

2. 두려움과 외로움

다시 창세기로 돌아와봅시다. 스스로 선악을 결정하게 된 다음으로 나타나게 된 것이 무엇일까요? 창세기 3장 8-10절입니다.

[창 3:8-10] 그들이 그 날 바람이 불 때 동산에 거니시는 여호와 하나님의 소리를 듣고 아담과 그의 아내가 여호와 하나님의 낯을 피하여 동산 나무 사이에 숨은지라 여호와 하나님이 아담을 부르시며 그에게 이르시되 네가 어디 있느냐 이르되 내가 동산에서 하나님의 소리를 듣고 내가 벗었으므로 두려워하여 숨었나이다

스스로 선과 악을 결정하기 시작한 아담과 하와에게 그다음으로 일어난 반응은 '하나님의 낯을 피한 것'입니다. 두려웠기 때문입니다. 스스로 선과 악을 결정하기 시작한 인간에게 두려움이 찾아옵니다. 아담과 하와는 무서웠습니다. 타락 이전에는 한 번도 경험해보지 못했던 두려움이 인간에게 들어오기 시작합니다.

(1) 아담의 두려움 : 하나님에 대한 두려움

첫 번째 두려움은 하나님에 대한 두려움이었습니다. 하나님을 떠난 아담과 하와는 이제 자신이 선택한 것에 대해 확신할 수 없게 되었습니다. 이전에는 하나님의 얼굴을 바라보면, 내 결정이 옳았는지 그렇지 않은지를 확신할 수 있었습니다. 마치 어린아이가 아빠의 얼굴을 바라보며 확신을 얻듯이 말입니다. 아빠가 미소 지으며 고개를 끄덕인다면, 괜찮다는 뜻입니다. 그러나 아빠가 찡그린 표정으로 고개를 좌우로 젓고 있다면, 괜찮지 않다는 뜻이겠지요.

죄로 인해 하나님을 낯을 피하게 된 아담과 하와에게는 '바라볼 얼굴'이 사라졌습니다. 그리고 그와 함께 선택에 대한 확신도 사라졌습니다. 그뿐만 아니라, 선택한 이 길을 과연 혼자서 갈 수 있을지에 대한 자신도 없습니다. 함께 걸어주시던 하나님이 이제는 곁에 없기 때문입니다.

오늘날도 많은 사람이 이 두려움 속에서 살아갑니다. 내가 선택한 것을 확신할 수 없기에 생기는 두려움, 또 그것을 성취할 수 있을지 자신할 수 없기에 생기는 두려움, 많은 사람이 이 두려움 속에서 살아갑니다. 요즘 젊은이들을 보면, 정말 많은 두려움을 안고 살아갑니다. 취업에 대한 두려움, 장래에 대한 두려움, 뒤처질 것에 대한 두려움, 왕따에 대한 두려움, 여자친구, 남자친구에게 차일 것에 대한 두려움, 나아가 과연 내가 선택한 이 삶이 의미 있는 삶일 것인가에 대한 근본적인 두려움까지 내가 선택한 것에 대한 확신이 없습니다. 또 무언가를 선택한다고 한들, 그것을 이루어낼 수 있을지, 내 능력에 대한 자신도 없습니다.

아담이 하나님의 낯을 피하며 경험한 그 두려움이 오늘날 우리 삶 속에도 존재하고 있습니다. 아담의 두려움입니다. 이 두려움의 본질은 하나님을 떠난 것입니다. 나를 위해 고개를 끄덕여주시고, 나와 동행하며 도와주시던 존재가 이제는 곁에 없습니다. 더 이상 바라볼 얼굴이 없습니다. 하나님의 낯을 피한 아담의 두려움이 우리 안에도 있습니다.

실체가 없다

그런데 여러분, 이 두려움의 더욱 큰 문제는 실체가 없다는 점입니다. 아담의 두려움에는 실체가 없습니다. 허상이고 속임수입니다. 생각해보십시오. 내가 어떤 선택을 한들, 그 선택이 최선이었다는 것을 확인할 방법이 있을까요? 다른 길은 안 가봤는데요? 없습니다. 하나님에 대한 신뢰가 있지 않는 한, 그래서 전능하신 하나님이 미리 아시고 최선의 길로 나를 인도하셨다는 믿음이 있지 않는 한, 어떤 선택을 해도 우리는 '아담의 두려움'에서 벗어날 수 없습니다.

아담의 두려움은 하나님을 신뢰함으로 부수어야 합니다. 나에게 최선을 주시는 하나님, 가장 좋은 것을 주시는 하나님, 그 하나님을 믿을 때, 아담의 두려움은 사라집니다. 사라질 수 있습니다! 이 두려움을 해결해야 합니다. 그렇지 않으면 평생이 실체 없는 두려움 속에 비참한 노예로 살아야 합니다. 오직 하나님을 신뢰할 때만 이 두려움에서 벗어날 수 있습니다.

저도 하나님을 만나기 전에는 이런 두려움 속에 살았습니다. 고등학교 때는 좋은 대학 못 갈까 봐 두려움 속에 살았고, 대학에 가면 좀 나아지려나 했더니 웬걸요. 더 힘들더라고요. 경쟁은 끝이 없었습니다. 이것이 과연 최선의 선택일지에 대한 두려움, 이것을 내가 해낼 수 있을까에 대한 두려움. 그 두려움 속에서 예수를 만났습니다. 창조주 하나님을 만났습니다. 그리고 그분이 내 인생에 가장 좋은 것을 주시는 분이라는 사실을 알고, 믿게 되었을 때, 그분이 나와 함께하시며 나를 도우신다는 것을 알게 되었을 때, 비로소 두려움에서 해방될 수 있었습니다. 이 해방이 여러분에게도 일어날 수 있습니다. 오늘 그 해방이 임하기를 바랍니다.

(2) 가인의 두려움 : 사람에 대한 두려움

둘째, 하나님을 떠난 인간은 사람을 두려워하게 됩니다.

> [창 4:13-17] 가인이 여호와께 아뢰되 내 죄벌이 지기가 너무 무거우니이다 주께서 오늘 이 지면에서 나를 쫓아내시온즉 내가 주의 낯을 뵈옵지 못하리니 내가 땅에서 피하며 유리하는 자가 될지라 무릇 나를 만나는 자마다 나를 죽이겠나이다 여호와께서 그에게 이르시되 그렇지 아니하다 가인을 죽이는 자는 벌을 칠 배나 받으리라 하시고 가인에게 표를 주사 그를 만나는 모든 사람에게서 죽임을 면하게 하시니라 가인이 여호와 앞을 떠나서 에덴 동쪽 놋 땅에 거주하더니 아내와 동침하매 그가 임신하여 에녹을 낳은지라 가인이 성을 쌓고 그의 아들의 이름으로 성을 이름하여 에녹이라 하니라

창세기 4장에는 아담과 하와의 자녀였던 가인이 동생 아벨을 죽이고 여호와 앞을 떠나는 장면이 나옵니다. 가인이 이야기합니다. "내가 주의 낯을 뵈옵지 못하리니 … 무릇 나를 만나는 자마다 나를 죽이겠나이다." 하나님의 낯을 피한 사람, 하나님을 떠난 사람은 사람을 두려워하기 시작합니다.

가인의 두려움입니다. '가인의 두려움'은 내가 컨트롤할 수 없는 것들, 즉 타인과 환경에 대한 두려움입니다. '혹시 강도가 들지는 않을까? 저 사람이 뒤에서 나를 음해하면 어떻게 하지? 집에 불이 나거나 지진이 나면 어떻게 하지?' 내가 제어할 수 없는 것들이 두려움으로 다가옵니다.

가인도 그랬습니다. 그래서 가인은 성을 쌓습니다(창 4:17). 다른 사람들이 나를 해하지 못하도록 담을 쌓은 것입니다. 나만의 성안에 틀어박혀 나만의 삶을 살기 시작합니다. 그러자 이제 안심은 좀 되는데, 새로운 문제가 생깁니다. 외로움이 시작된 것입니다! 나 외에는 아무도 없다는 외로움. 나를 이해하고 받아줄 사람이 없다는 외로움. 두려움의 결과는 외로움입니다.

세상 : 두려움과 외로움

요즘 사람들이 겪는 가장 큰 어려움이 두려움과 외로움인 것

같다는 이야기를 들은 적이 있습니다. 동의하게 됩니다. 그런데 요즘 사람들만 그런 것이 아닙니다. 하나님을 떠난 인류는 아담의 때로부터 지금까지 두려움과 외로움으로 고통받고 있습니다.

(3) 가인의 성과 외로움

두려운 나머지 사람들은 더 높이 담을 쌓습니다. 그래야 안전할 테니까요. 가인이 했던 일입니다. 그러나 그 결과 외로움이라고 하는 새로운 병을 앓게 됩니다. 누군가 나의 이 두려움을 알고 이해해줄 사람이 있었으면 좋겠는데, 누군가 나의 이 부족하고 추한 모습을 있는 그대로 받아주고 사랑해줄 사람이 있으면 좋겠는데 아무도 없습니다. 외롭습니다. 그러면서도 누군가 나의 외로움을 달래주기 위해 성안으로 들어오면 두려워합니다. 모순이지요. 이 모순은 하나님을 떠난 것에서 시작되었습니다. 우리의 두려움과 외로움은 모두 하나님의 낯을 피하는 것, 하나님을 떠난 것에 기인합니다. 선악과 후유증입니다.

두려워하고 있는 가인에게 하나님께서 표를 주셨습니다(창 4:15). 약속하셨다는 것이지요. 아무도 가인을 해치지 못한다는 표를 주셨습니다. 그럼에도 불구하고 가인은 여전히 두려워합니다. 믿음이 없기 때문입니다. 하나님의 약속에도 불구하고 가인은 성을 쌓습니다. 가인에게는 하나님의 약속이 진짜라고 하는 신뢰가 없었습니다. 그렇습니다. 가인의 두려움은 믿음 없음에서 오는 두려움이었습니다. 하나님의 약속에 대한 믿음이 없이는 '가인의 두려움'이 사라지지 않습니다. 하나님은 여러분을 안전하게 지키십니다.

[시 121:1-8] 내가 산을 향하여 눈을 들리라 나의 도움이 어디서 올까 나의 도움은 천지를 지으신 여호와에게서로다 여호와께서 너를 실족하지 아니하게 하시며 너를 지키시는 이가 졸지 아니하시리로다 이스라엘을 지키시는 이는 졸지도 아니하시고 주무시지도 아니하시리로다 여호와는 너를 지키시는 이시라 여호와께서 네 오른쪽에서 네 그늘이 되시나니 낮의 해가 너를 상하게 하지 아니하며 밤의 달도 너를 해치지 아니하리로다 여호와께서 너를 지켜 모든 환난을 면하게 하시며 또 네 영혼을 지키시리로다 여호와께서 너의 출입을 지금부터 영원까지 지키시리로다

이 믿음이 여러분을 가인의 두려움에서 해방할 것입니다.

3. 평안

예수께서 제자들에게 말씀하셨습니다.

[요 14:27] 평안을 너희에게 끼치노니 곧 나의 평안을 너희에게 주노라 내가 너희에게 주는 것은 세상이 주는 것과 같지 아니하니라 너희는 마음에 근심하지도 말고 두려워하지도 말라

하나님은 우리에게 '평안'을 주시는 분이십니다. 두려움과 근심을 모두 몰아내는 평안이 하나님께 있습니다. "너희는 마음에 근심하지도 말고 두려워하지도 말라!" 가인에게 주셨던 것과 같은 하나님의 '표'입니다.

여러분은 이 약속을 믿으십니까? 제자들은 정말로 이 평안을 누렸습니다. 베드로는 감옥에서 죽음을 기다리면서도 평안한 가운데 깊은 잠을 누렸고, 스데반은 성난 폭도들의 돌에 맞아 죽어가면서도 기쁨과 평안을 잃지 않았습니다. 사도 바울은 사형 선고를 받은 로마의 감옥에서도 빌립보에 있는 성도들에게 기쁨과 평안을 전했고, 요한은 밧모섬에 유배되어 있으면서도 평안을 잃지 않았습니다.

제자들은 도저히 감당할 수 없어 보이는 상황 속에서도 평안을 잃지 않았습니다. 이 평안은 세상이 이해할 수 없는 신비한 평안이었습니다. 폭풍우가 몰아치는 뱃속에서도 엄마 품에 안긴 아이는 아무 걱정 없이 평안하게 잠자듯이, 하나님의 약속을 믿는 사람들은 세상이 줄 수 없는 평안을 누립니다. 여러

분도 이런 평안을 누리고 싶지 않으십니까? 이것이 '구원'입니다. 성경은 이렇게 이야기합니다.

> [요일 4:18] 사랑 안에 두려움이 없고 온전한 사랑이 두려움을 내
> 쫓나니 두려움에는 형벌이 있음이라 두려워하는 자는 사랑 안에
> 서 온전히 이루지 못하였느니라

하나님의 온전한 사랑을 신뢰할 때, 우리 안에 있는 두려움은 쫓겨납니다. 맞아요. 하나님에 대한 믿음만이 우리를 두려움과 외로움에서 구원할 수 있습니다. 하나님의 사랑을 신뢰할 때, 우리의 두려움과 외로움은 평안으로 바뀌게 됩니다.

여러분의 내면을 깊이 들여다보십시오. 아담이 선악과를 따먹은 후에 느꼈던 그 두려움이 여러분 안에도 있지 않으십니까? "과연 하나님 없이 살아가는 삶이 괜찮은 걸까? 오늘은 안전할까?"

하나님께서 여러분을 초대하십니다.

> [마 11:28] 수고하고 무거운 짐 진 자들아 다 내게로 오라 내가
> 너희를 쉬게 하리라

예수님의 초청에 응하십시오. 여러분의 삶에 약속대로 평안
이 임할 것입니다.

7

인생의
블랙홀

BELIEVE IN
GOD

사마리아에 있는 수가라 하는 동네에 이르시니 야곱이 그 아들 요셉에게
준 땅이 가깝고 거기 또 야곱의 우물이 있더라 예수께서 길 가시다가 피
곤하여 우물 곁에 그대로 앉으시니 때가 여섯 시쯤 되었더라 사마리아 여
자 한 사람이 물을 길으러 왔으매 예수께서 물을 좀 달라 하시니 이는 제
자들이 먹을 것을 사러 그 동네에 들어갔음이러라 사마리아 여자가 이르
되 당신은 유대인으로서 어찌하여 사마리아 여자인 나에게 물을 달라 하
나이까 하니 이는 유대인이 사마리아인과 상종하지 아니함이러라 예수께
서 대답하여 이르시되 네가 만일 하나님의 선물과 또 네게 물 좀 달라 하
는 이가 누구인 줄 알았더라면 네가 그에게 구하였을 것이요 그가 생수를
네게 주었으리라 여자가 이르되 주여 물 길을 그릇도 없고 이 우물은 깊은
데 어디서 당신이 그 생수를 얻겠사옵나이까 우리 조상 야곱이 이 우물을
우리에게 주셨고 또 여기서 자기와 자기 아들들과 짐승이 다 마셨는데 당
신이 야곱보다 더 크니이까 예수께서 대답하여 이르시되 이 물을 마시는
자마다 다시 목마르려니와 내가 주는 물을 마시는 자는 영원히 목마르지
아니하리니 내가 주는 물은 그 속에서 영생하도록 솟아나는 샘물이 되리
라 여자가 이르되 주여 그런 물을 내게 주사 목마르지도 않고 또 여기 물
길으러 오지도 않게 하옵소서 이르시되 가서 네 남편을 불러 오라 여자가
대답하여 이르되 나는 남편이 없나이다 예수께서 이르시되 네가 남편이
없다 하는 말이 옳도다 너에게 남편 다섯이 있었고 지금 있는 자도 네 남
편이 아니니 네 말이 참되도다 여자가 이르되 주여 내가 보니 선지자로소
이다 우리 조상들은 이 산에서 예배하였는데 당신들의 말은 예배할 곳이

예루살렘에 있다 하더이다 예수께서 이르시되 여자여 내 말을 믿으라 이 산에서도 말고 예루살렘에서도 말고 너희가 아버지께 예배할 때가 이르리라 너희는 알지 못하는 것을 예배하고 우리는 아는 것을 예배하노니 이는 구원이 유대인에게서 남이라 아버지께 참되게 예배하는 자들은 영과 진리로 예배할 때가 오나니 곧 이 때라 아버지께서는 자기에게 이렇게 예배하는 자들을 찾으시느니라 요한복음 4장 5-23절

성경의 주제는 '구원의 기쁜 소식'입니다. 기쁜 소식(복음)은 하나님께서 우리에게 '구원의 길'을 열어주셨다는 것입니다. 죄는 우리를 끔찍한 곳으로 인도합니다. 두려움과 외로움, 미움과 분쟁, 혼돈과 파괴, 거짓과 전쟁, 불만족과 허무로 이끕니다. 성경은 이야기합니다.

[롬 1:28-32] 또한 그들이 마음에 하나님 두기를 싫어하매 하나님께서 그들을 그 상실한 마음대로 내버려 두사 합당하지 못한 일을 하게 하셨으니 곧 모든 불의, 추악, 탐욕, 악의가 가득한 자요 시기, 살인, 분쟁, 사기, 악독이 가득한 자요 수군수군하는 자

요 비방하는 자요 하나님께서 미워하시는 자요 능욕하는 자요 교만한 자요 자랑하는 자요 악을 도모하는 자요 부모를 거역하는 자요 우매한 자요 배약하는 자요 무정한 자요 무자비한 자라 그들이 이같은 일을 행하는 자는 사형에 해당한다고 하나님께서 정하심을 알고도 자기들만 행할 뿐 아니라 또한 그런 일을 행하는 자들을 옳다 하느니라

하나님께서 '보시기에 좋았던 세상'은 죄로 인해 '끔찍한 곳'이 되었습니다. 우리 삶의 현주소입니다. 그런데 감사한 것은, 그 삶 한가운데로 하나님께서 찾아오신 것입니다.

1. 우물가의 여인

어느 날 예수께서 우물가에서 물을 긷고 있던 한 여인을 만나십니다. 요한복음 4장 18절을 보면 이 여인은 남편을 다섯 번이나 갈아치운 대단한 사람이었습니다. 사회적 기회가 제한적이었던 고대 사회에서 결혼은 여성들이 행복을 이룰 수 있는 몇 안 되는 통로였습니다. 이 여인도 분명 행복을 기대하며 결혼했을 것입니다. 그런데 살아보니, '행복의 약발'이 그리 오래가지 않았습니다. 다른 여자들 같으면 그냥 인생이 그런 거냐며 적당히 포기하고 살았을 텐데, 이 여인은 좀 특별했습니다. 한

번뿐인 자신의 인생을 그냥 이렇게 포기해버리기에는 너무 억울했습니다. 그래서 당시로서는 과감한 시도를 합니다. 남편을 바꾸기로 결심한 것입니다.

오늘날로 비유하면 이렇습니다. 평범한 회사원으로 살던 사람이 어느 날 자신의 인생을 돌아봅니다. 그러자 회의가 들기 시작합니다. '아, 인생이 이런 건가? 내가 어려서부터 꿈꿔왔던 행복이 고작 이렇게 회사에서 죽도록 일만 하다가 늙어가는 건가?' 이런 회의가 들기 시작했습니다. 그래서 과감한 결심을 합니다. 직장을 때려치우고 고시 공부를 시작한 것입니다. 요한복음에 등장하는 이 여인이 정확히 이런 사람이었습니다. 남편을 바꿨습니다!

그런데 문제는 그 이후입니다. 남편을 바꿨음에도 불구하고 여전히 행복하지 않았습니다. 그러니 한 번 바꿔봤는데 두 번이라고 못하겠습니까? 다시 남편을 바꿉니다. '이 남자는 내 인생을 행복하게 해줄 거야!' 그러나 여전히 행복하지 않습니다. 또 바꿉니다. 여전히 뭔가 부족합니다. 이렇게 다섯 번을 바꾸고, 지금도 다른 남자와 살고 있는 이 여인에게 예수께서 찾아오셨습니다. 그리고 이렇게 말씀하십니다.

[요 4:13] 예수께서 대답하여 이르시되 이 물을 마시는 자마다

다시 목마르려니와

예수께서 말씀하셨던 것은 우물에 대한 것이 아니었습니다. 그것은 이 여인의 인생에 대한 말씀이었습니다.

저는 이 여인을 보면 사이다가 생각납니다. 등산할 때 사이다나 콜라를 마셔본 적이 있으십니까? 저는 어려서 그런 경험이 있습니다. 아버지를 따라 산을 오르다가 목이 말라, 사이다를 사달라고 졸랐습니다. 아버지께서는 말리셨습니다. 사이다를 먹으면 오히려 갈증이 더 난다는 것이었습니다. 그러나 어린 제 귀에 그런 말이 들어올 리 없었습니다. "아니에요! 사이다가 얼마나 시원한데!" 박박 우겨서 결국 사이다를 마셨습니다. 그런데 웬걸요. 정말 그랬습니다. 사이다를 마시자 잠깐은 갈증이 해소된 것 같았는데, 금방 다시 목이 마르기 시작했습니다. 그것도 전보다 더 심하게 말입니다. 이 경험 이후에 저는 다시는 운동하고 나서 사이다를 마시지 않습니다.

이 여인의 인생이 이와 같았습니다. '이것만 마시면 내 갈증이 풀릴 거야.' 그런데 여전히 목마릅니다. '이것만 마시면 내 인생이 행복해질 거야.' 그런데 여전히 불행합니다. 다섯 번이나 남편을 바꾸었는데도 그녀의 갈증은 해소되지 않았습니다. 이 여인에게 예수께서 말씀하십니다. 이 물을 마시는 자는 마치 사이다를 마시는 것같이 또 목마를 것이라고 말입니다. 그러자 여인이 그 말에 동의합니다. "맞습니다. 내가 계속 목마릅니다! 내 인생이 목마릅니다!"

여러분, 이 여인의 모습이 오늘 저와 여러분의 모습 아닐까요? 요한복음 4장에 등장하는 이 여인의 갈증은, 인생의 '행복'이라고 하는 생수를 찾아 열심히 사이다만 들이키고 있는 모든 세대, 모든 인류의 갈증일 것입니다.

2. 인생의 블랙홀

모양은 조금씩 달라도, 나이가 들어가면서 이 여인처럼 갈증을 느끼실 것입니다. 어떤 사람은 세상의 성공을 향해 달리다 성공이 갈증을 채워주지 못함을 깨닫고, 어떤 사람은 열심히 돈을 벌다 돈이 갈증을 채워주지 못하는 것을 깨닫고, 어떤 사람은 연인과의 사랑에 목매다가 깨닫고, 어떤 사람은 흥청망청 놀다가 깨닫고, 어떤 사람은 이것저것 닥치는 대로 해보다가 깨닫고, 모양은 다양하지만, 우리는 결국 한 가지 결론에 다다르게 됩니다.

그것은 우리 내면에는 세상 무엇으로도 채워지지 않는 '밑 빠진 독'이 있다는 사실입니다. 아무리 물을 가져다 부어도 결코 채워지지 않는 밑 빠진 독이 우리 안에 있습니다. 인간의 내면에는 채워지지 않는 결핍이 있습니다.

이 결핍은 마치 블랙홀과도 같습니다. 블랙홀은 모든 것을 빨아들이는 우주의 거대한 구멍이지요. 중력이 어찌나 강한지, 근처에 있는 것은 종류를 가리지 않고 빨아들입니다. 별도 빨아들이고, 태양도 빨아들이고, 빛도 빨아들이고, 심지어 시간과 공간까지 어그러뜨리는 거대한 구멍이 블랙홀입니다.

이 블랙홀처럼, 하나님을 떠난 인간의 마음 깊은 곳에는 모든 것을 게걸스럽게 먹어 치우는, 그래서 무엇으로도 만족하지 못하도록 하는 거대한 구멍이 있습니다. 우리 인생은 불완전합니다. 우리 인생의 블랙홀의 위력이 얼마나 대단한지 모든 것을 먹어 치웁니다. 다 먹어버리고도 모자라서, 우는 아이처럼 보챕니다. "더 줘! 조금만 더 줘!" 우물가의 여인이 남편을 다섯이나 바꾸고도 '조금 더'를 외쳤듯이, 우리 안의 블랙홀도 만족할 줄 모르고 '조금 더'를 외칩니다.

조금 더 큰 성취, 조금 더 큰 자극, 조금 더 많은 재물, 조금 더 큰 인기, 조금 더 큰 명예, 조금 더 큰 권력, 조금 더 큰 사랑, 우는 아이처럼 끊임없이 '조금 더'를 외치는 심연의 소리가 우리 내면에 있습니다.

땔감이 떨어진 사람들

뉴스를 보다보면, 당황스러운 사건들을 접하게 됩니다. 신혼 부부가 마약을 하다 구속되었다는 소식부터, 불륜, 집단 성관계, n번방 사건이라는 상상하기조차 어려운 성범죄까지. 더욱 놀라운 것은, 이런 일을 저지르는 사람들이 '멀쩡한 사람들'이라는 사실입니다.

다는 아니지만, 이런 사람들 중에는 고학력 전문직 종사자나 부자들도 많습니다. 별로 아쉬울 것 없어 보이는 이 사람들이 왜 이런 이상한 일에 손을 댄 것일까요? 돈이 부족한 것도, 사회적 지위가 부족한 것도 아닌데 말입니다.

이유는 분명합니다. 인생이 심심하고 지루한 것입니다. 부족한 것 없어 보이는 인생 저 바닥에 내려가보면 허기져서 아우성치는 소리가 들립니다. '조금 더! 조금만 더!' 좀 더 큰 자극을 요구하는 블랙홀의 소리입니다. 만족을 모르고 끊임없이 먹어 치우기만 하는 이 '거대한 결핍'이 사람들을 극단적인 곳까지 몰고 갑니다.

여러분, 이들은 이상하거나 특별한 사람들이 아닙니다. 저나 여러분과 별반 다를 바 없는, 그저 평범한 사람들입니다. 죄가 있다면 이들은 블랙홀에 집어넣을 수 있는 '연료들'을 너무 빨리 써버린 것뿐입니다. 다른 사람들보다 너무 일찍 성공했든지, 아니면 이것저것 해봐도 그다지 만족스러운 일을 찾지 못했든지, 아니면 한 가지에 몰두하다 점점 만족도가 떨어졌든지.

하여간 너무 일찍 블랙홀에 집어넣을 재료를 소진했습니다. 그런데 영혼 깊은 곳에서는 블랙홀의 칭얼거림이 점점 거세집니다. '조금 더! 조금만 더!' 우리 안에 블랙홀이 그다음 스텝의 자극을 요구합니다. 지금까지는 돈과 성공, 명성을 얻기 위해 살면서, 그 성취에서 오는 만족감으로 블랙홀을 메우며 살아왔는데, 이제 그것이 다 소진되어버렸습니다.

땔감을 다 써버린 것입니다. 블랙홀은 계속 잡아당기는데, 더 이상 정상적인 땔감이 없습니다. 금지된 땔감이라도 집어넣을 수밖에요. 마약이든, 비정상적인 성적 일탈이든 무엇이라도 블랙홀에 넣을 수밖에 없습니다. 이것이 하나님을 떠난 인간의 현실입니다.

저와 여러분도 크게 다르지 않습니다. 불행 중 다행이라면 아직 인생의 '땔감'을 다 사용하지 않았을 뿐이지요. 아직 이루고 싶은 소원이 있고, 아직 성취하고 싶은 목표가 남아 있기에 여러분의 블랙홀은 이것들을 먹고 있을 뿐입니다. 그러나 '땔감'이 다 떨어지는 순간이 오면, 여러분도 어떤 이상한 땔감을 찾게 될지, 아무것도 장담할 수 없습니다.

3. 블랙홀 – 죄의 근원

그리고 성경은 이 '블랙홀'이 모든 죄의 근원이라고 이야기합니다. 블랙홀이라는 인간의 결핍은 그저 우리 안에 있는 허무함이나 공허가 아니라, 죄라는 것입니다. 정확하게는 '죄의 근원'이라는 것입니다. 왜 그럴까요?

(1) 모든 죄는 블랙홀을 채우기 위해 저질러진다

첫째는 우리가 알고 있는 모든 죄들이 여기서부터 시작되기 때문입니다. 생각해보십시오. 도둑질, 거짓말, 살인, 강도, 불륜, 마약. 이런 죄들이 왜 행해질까요? 내 안에 '결핍 – 완전하지 못함'을 느끼기 때문입니다.

지금 현 상태로는 뭔가 만족할 수 없는 허기가 내 안에 있는 것입니다. 저것만 있으면 이 허기가 채워질 것 같습니다. 그래서 도둑질을 하지요. 원수 같은 저 녀석을 흠씬 두들겨 패면, 내 안에 분노라는 욕구가 채워질 것 같습니다. 그래서 폭력을 행합니다. 저 사람과 성적인 관계를 맺으면 내 안의 허함이 채워질 것 같습니다. 그래서 일탈을 합니다. 블랙홀! 예. 모든 죄는 블랙홀에 넣을 땔감을 찾기 위해 시작됩니다.

그렇기에 죄의 근원은 우리 안에 존재하는 블랙홀입니다. 허무와 공허는 그저 우리 안에 존재하는 인간의 불완전한 결핍이 아니라 '죄'입니다.

(2) 블랙홀은 하나님이 떠나버린 자리다

그렇다면 인간의 삶에 왜 이런 기괴한 구멍이 생겼을까요? 모든 일에는 원인이 있습니다.

남미에 한 거대한 분화구가 있습니다. 화산지대가 아닌 곳에 자리한 분화구라 모두 그 이유를 궁금해했습니다. '왜 여기 이런 구멍이 있는 거지?' 연구 끝에 밝혀진 사실은, 오래전에 이곳에 거대한 운석이 떨어졌었다는 것이었습니다.

여러분, 구멍이 생긴 데에는 언제나 이유가 있습니다. 우리 안에 있는 거대한 구멍도 마찬가지입니다. 그렇다면 이 블랙홀은 도대체 왜 생긴 것일까요? 블랙홀이 모든 죄의 원인이라고 했는데, 그렇다면 이 죄는 어디서부터 온 것일까요? 성경은 이렇게 답하고 있습니다.

[롬 1:28-30] 또한 그들이 마음에 하나님 두기를 싫어하매 하나님께서 그들을 그 상실한 마음대로 내버려 두사 합당하지 못한 일을 하게 하셨으니 곧 모든 불의, 추악, 탐욕, 악의가 가득한 자요 시기, 살인, 분쟁, 사기, 악독이 가득한 자요 수군수군하는 자요 비방하는 자요 하나님께서 미워하시는 자요 능욕하는 자요

교만한 자요 자랑하는 자요 악을 도모하는 자요 부모를 거역하
는 자요

인간의 내면에는 상실한 마음, 무엇인가를 잃어버린 마음이
있다는 것입니다. 상실했다는 것은 허전하고 공허하다는 뜻이
겠지요. 인간은 이 상실한 마음의 결과, 그 잃어버린 자리를 메
우기 위해서 불의, 추악, 시기, 살인, 분쟁, 비방 등 모든 악을
도모한다는 것입니다.

블랙홀이지요. 그런데 이 상실한 마음, 블랙홀은 어디서부터
왔을까요? 로마서 1장 28절은 "그들이 마음에 하나님 두기를
싫어하매"라고 이야기합니다. 사람들이 마음에 하나님 두기를
싫어하매, 하나님께서 사람들의 마음을 상실한 마음대로 내버
려두셨다는 것입니다. 그리고 이 결핍의 결과 합당하지 못한
일, 곧 불의, 추악, 탐욕, 시기, 살인 ,악독 등 모든 악을 행하게
되었다는 것입니다.

성경은 우리 안에 있는 '블랙홀', 곧 '상실한 마음'이 하나님
을 그 마음에 두기 싫어한 결과, 즉 하나님을 떠난 결과라고
이야기합니다. 그렇습니다. 블랙홀은 '하나님이 떠나버린 자
리'입니다.

인간의 마음에는 '하나님의 자리'가 있습니다. 창조주께서

인간을 그렇게 만드셨기 때문입니다. 그런데 하나님이 계셔야 할 이 자리에, 사람들이 하나님 두기를 싫어했습니다. 그 결과 더 이상 하나님이 그곳에 계시지 않게 되었습니다.

이 하나님의 부재로 인해, 우리 마음에 진공 상태가 생겨버렸는데, 이것이 바로 인생의 블랙홀입니다. 진공 상태가 되면 주위에 있는 것들을 닥치는 대로 빨아들입니다. 돈도 빨아들이고, 명예도 빨아들이고, 여자도 빨아들이고, 남자도 빨아들이고, 진공을 메우기 위해 닥치는 대로 빨아들입니다.

그러나 불행한 것은 이 진공은 영원한 진공이라는 것입니다. 해결되지 않는 결핍입니다. 채워도 채워도 영원히 채워지지 않는 구멍. 그래서 '블랙홀'입니다. 그것은 하나님이 떠난 자리이기 때문입니다. 영원하신 하나님이 떠난 자리이기에, 이 구멍을 막으려면 적어도 하나님보다 큰 무언가가 있어야 합니다. 그러나 이 땅에 그런 것은 존재하지 않습니다.

유학생 시절, 가족과 함께 미국 여행을 하면서 싸구려 여관에 들어갔던 적이 있었습니다. 긴 운전으로 피곤하던 차라 욕조에 물을 받아 몸을 담그려고 욕조 마개를 찾았습니다. 그런데 욕조 마개가 보이지 않습니다. 이리저리 찾아보니, 한쪽 구석에 마개가 숨어 있었습니다. 마개로 욕조 구멍을 막고 물을 틀었습니다. 그런데 이상하게도 욕조에 물이 채워지지 않았습니다. 자세히 살펴보니, 원래 마개가 아니었습니다. 원래 마개를 잃어버리고 누가 엉뚱한 마개를 가져다놓은 것입니다. 맞지 않는 엉뚱한 마개로는 아무리 욕조 구멍을 막으려 해도 막아지지 않았습니다.

인생의 블랙홀도 그렇습니다. 그 구멍을 막아보려 이것저것 집어넣어보아도, 맞지 않는 마개일 뿐입니다. 아무리 막아도 물이 샙니다. 왜냐하면 '하나님이 떠난 자리'를 그보다 '작은 것'으로 막을 수가 없기 때문입니다. 인생의 블랙홀을 막을 마개, 맞는 마개는 하나님 외에는 없습니다.

(3) 하나님의 사랑이 자리해야 할 공간

그렇다면 왜 하나님이 떠난 자리로 인해 인간은 그토록 깊은 허무와 상실을 경험하게 될까요? 그것은 인간의 창조 목적과 관계가 있습니다. 인간은 우연히 이 세상에 던져진 존재가 아닙니다. 창조주 하나님에 의해 창조된 존재입니다. 그렇기에 인간의 삶에는 목적이 있습니다. 그것은 '사랑받는 것'입니다. 하나님이 사랑이시기 때문입니다!

사랑, 그 자체이신 하나님께서 당신의 사랑을 주시기 위해 저와 여러분을 창조하신 것입니다. 여러분은 사랑받기 위해 태어난 존재입니다. 아무리 하찮은 사람이라도, 아무리 능력이 없고 실패만 반복하는 사람일지라도, 인간은 하나님의 사랑을 받기 위해 지음 받은, 세상에서 가장 소중한 존재입니다.

이 창조 목적으로 인해, 인간의 내면에는 오직 사랑으로만 채워질 수 있는 공간, 하나님의 자리가 있습니다. 그런데 불행하게도 인간이 하나님을 떠납니다. 하나님과 상관없이, 하나님이 없다고 믿으며 삽니다. 그 결과 하나님이 계셔야 할 자리는 빈 공간으로 남게 되었습니다. 이것이 블랙홀입니다.

블랙홀이 만들어내는 갈망은, 사실은 창조주 하나님을 향한, 그분의 사랑을 향한 갈망입니다. 그래서 블랙홀에 이것저것 집어넣다보면, 그나마 가장 그럴듯하게 맞아 보이는 것이 사랑입니다. 부모님의 사랑이나 남녀 간의 사랑이, 돈이나 명예, 휴대폰이나 자동차보다는 훨씬 오래, 그리고 근본적으로 블랙홀의 배고픔을 달래줍니다. 인간이 사랑받기 위해 태어난 존재이기 때문입니다.

인생의 블랙홀과 하나님의 사랑을 함께 놓고 바라보십시오. 딱 맞는 짝이지 않습니까? 마치 운석에 의해 생긴 분화구에 그 운석을 가져다가 끼워보면 딱 맞는 것처럼 말입니다.

여러분은 어떠십니까? 블랙홀의 문제는 해결되셨습니까? 혹시 남편 다섯을 바꾸고도, 다시 바꿀 생각을 하고 계시지는 않습니까? 죄송하지만, 남편을 아무리 바꾸어도 그 문제는 해결되지 않습니다. 하나님이 떠나신 그 자리에 다시 하나님을 모시는 것 외에는 이 문제를 해결할 방법이 없습니다.

감사하게도 하나님께서는 우리를 기다리고 계십니다. 누구든지 돌이켜 하나님께 구하면, 하나님은 다시 돌아와 우리 마음에 자리하십니다.

4. 이 일을 위해 예수께서 오셨다

우물가에서 물을 긷던 사마리아 여인에게 예수께서 찾아오셨습니다. 그리고는 말씀하십니다.

> [요 4:13-14] 예수께서 대답하여 이르시되 이 물을 마시는 자마다 다시 목마르려니와 내가 주는 물을 마시는 자는 영원히 목마르지 아니하리니 내가 주는 물은 그 속에서 영생하도록 솟아나는 샘물이 되리라

이 예수의 음성을 여러분도 들으셨으면 좋겠습니다. 성경은 우리 모두를 위한 하나님의 약속의 말씀입니다. 오늘도 성경을 통해 예수께서 여러분을 초청하십니다. "내가 주는 물은 그 속에서 영생하도록 솟아나는 샘물이 되리라." 이 축복이 오늘 여러분에게 임하기를 축복합니다. 여러분의 블랙홀을 끝내는 날

이 되기를 바랍니다.

어떻게 해야 하느냐고요? 어렵게 생각하지 마십시오. 오늘도 창조주 하나님께서는 여러분의 말에 귀를 기울이고 계십니다. 그저 정직하고 단순하게 하나님께 고백해보십시오.

"하나님, 나는 당신의 존재를 무시하고 살았습니다. 당신이 정하신 질서도 무시하고 내가 원하는 대로 살았습니다. 나의 잘못을 인정합니다. 이제 돌이키기를 원합니다. 창조주 하나님을 인정하며, 당신의 사랑받는 자녀로 살기를 원합니다. 도와주십시오. 내 삶이 목마릅니다. 무엇으로도 이 갈증을 해결할 수 없습니다. 도와주십시오. 예수께서 말씀하셨던, 영생하도록 샘솟는 생수를 주셔서, 나로 다시는 목마르지 않게 하여주십시오. 그렇게 하실 줄 믿습니다. 예수님의 이름으로 기도합니다. 아멘."

기도는 어렵고 특별한 것이 아닙니다. 나를 만드신 분 앞에서 정직하고 단순하게 고백하는 것입니다. 사랑의 하나님께서는 여러분의 목소리를 기쁘게 들으시고, 여러분이 구한 대로 도우실 것입니다. 다시는 목마르지 않을 것입니다.

8

죗값
보존의 법칙

죄의 삯은 사망이요 하나님의 은사는 그리스도 예수 우리 주 안에 있는 영생이니라 **로마서 6장 23절**

너희와 모든 이스라엘 백성들은 알라 너희가 십자가에 못 박고 하나님이 죽은 자 가운데서 살리신 나사렛 예수 그리스도의 이름으로 이 사람이 건강하게 되어 너희 앞에 섰느니라 **사도행전 4장 10절**

"꼭 예수께서 십자가를 지셔야 합니까? 하나님은 전능하신 분이신데, 그냥 우리 죄를 없던 것으로 해주시면 안 되는 건가요? 하나님이 창조하신 것도 알겠고, 예수께서 우리를 사랑하시는 것도 알겠고, 하나님 없이는 인생의 문제가 해결되지 않는 것도 알겠습니다. 그런데 십자가는? 글쎄요, 굳이 그런 쇼(?)를 하셔야만 하나요? 전능하신 하나님께서 그냥 죄가 없던 것으로 해주시면 안 되는 건가요?" 이번 단원에서는 이 질문을 중심으로 십자가에 대해 살펴보려 합니다.

1. 고통의 종류

삶에는 고통이 있습니다. 운동을 하다가 다리가 부러져서 겪는 육체적인 고통부터 경제적 어려움으로 겪게 되는 고통, 깨어진 관계 때문에 겪는 고통, 원하던 꿈이 좌절됨으로 겪는 고통에 이르기까지 삶에는 여러 종류의 고통이 있습니다.

고통의 이유도 다양합니다. 게을러서 그럴 수도 있고, 재수가 없어서 그럴 수도 있고, 환경오염에서 오는 병 때문에 그럴 수도 있고, 나쁜 사람을 만나서 그럴 수도 있습니다.

이렇듯 보이는 이유는 다양할 수 있지만, 성경은 그 근본적인 이유는 하나라고 이야기합니다. 바로 '죄'입니다. 내 죄로 인한 것이든, 다른 누군가가 지은 죄로 인한 것이든, 아니면 죄가 반복되고 쌓여서 만들어진 타락한 환경과 문화 때문이든 상관없이, 죄로 인해 세상에 고통이 존재한다고 성경은 이야기합니다. 그래서 성경은 죄가 완전히 극복된 천국을 '더 이상 고통이 없는 곳'이라고 묘사합니다. 이 땅에서 우리가 겪는 고통의 근본적인 이유는 한 가지. 죄 때문입니다.

(1) 내 잘못으로 인한 고통

이 고통은 몇 가지로 분류됩니다. 첫 번째 고통은 내 잘못, 내 죄로 인한 고통입니다. 내가 잘못했기 때문에 그 결과로 받게 되는 고통이지요. 하나님은 질서의 하나님이십니다. 그렇기에 삶에는 인과율의 법칙이 있습니다. 자제하지 않고 마구 먹으면 결국 건강에 이상이 오게 되고, 도둑질을 하면 감옥에 가게 됩니다. 감정을 주체하지 못하고 이웃과 심하게 다투면 친구를 잃게 되고, 바쁘다고 자녀들에게 시간을 내주지 않으면 노년에 자식들도 시간을 내주지 않습니다. 세상을 창조하신 하나님은 공의로운 분이십니다. 뿌린 대로 거두는 것은 공의로운 창조주께서 정하신 창조의 질서입니다.

[갈 6:7] 스스로 속이지 말라 하나님은 업신여김을 받지 아니하시나니 사람이 무엇으로 심든지 그대로 거두리라

(2) 타인의 잘못으로 인한 고통

두 번째 종류의 고통도 있습니다. 그것은 내 잘못이 아니라 타인의 잘못이나 죄로 인해 내가 받게 되는 고통입니다. 또는 반대로 내 잘못으로 다른 사람이 겪게 되는 고통입니다. 음주운전을 한 사람의 죄로 인해 엉뚱한 사람이 피해를 입고, 이웃 국가에서 발생하는 황사나 방사능 등의 환경오염으로 인해 우리가 피해를 입기도 합니다.

우리 삶 속에는 내 선택과 상관없이 겪게 되는 억울한 고통들이 있습니다. 다른 누군가의 잘못이나 실수로 인해 겪게 되는 고통입니다. 이것이 사실은 죄의 본질입니다. 죄의 본질은 억울함 - 공정하지 못한 것입니다. A의 잘못으로, B가 억울하게 고통을 받습니다. 그래서 공의로운 하나님은 죄를 싫어하십니다.

(3) 우리의 죄로 인한 고통

세 번째 종류의 고통은 '우리'의 죄로 인한 고통입니다. 딱 꼬집어 '저 사람'의 죄 때문에 겪게 되는 고통이 아니라, 여러 사람이 함께 저지른 죄, 나를 포함한 '우리'가 저지른 죄 때문에 겪는 고통입니다. 환경오염을 비롯해서 전쟁, 전염병, 왕따나 동성애 같은 잘못된 문화, 무분별한 핵 개발, 유전자조작과 같이 넘지 말아야 할 선을 넘는 과학의 폐해 등, 어느 한두 사람의 죄가 아니라, 우리가 함께 만들어놓은 죄로 인해 겪게 되는 고통이 있습니다.

2. 죗값 에너지 보존의 법칙

그런데 이런 죄에는 공통된 특성이 있습니다. 그것이 나의 죄든, 다른 사람의 죄든, 우리의 죄든, 어떤 종류의 죄든지 불문하고 모든 죄가 가지는 공통점은 "죄에는 반드시 결과가 있다"는 것입니다. 결과가 없는 죄는 없습니다. 하나님은 공의로운 분이시기 때문입니다.

저는 이것을 '죗값 보존의 법칙'이라고 부릅니다. 물리학에는 '에너지 보존의 법칙'이라는 것이 있지요. (물리학에는 그것을 창조하신 하나님의 속성이 반영되어 있습니다!) 에너지는 모양만 바뀌지 절대로 사라지거나 소멸되지 않는다는 법칙입니다.

예를 들어 기름을 태워서 100이라는 에너지를 만들어서 그것으로 자동차를 굴러가게 합니다. 그런데 자동차가 굴러가는 에너지를 계산해보니, 50밖에 안 됩니다. 그러면 기름의 에너지 100 중 나머지 50은 소리소문 없이 소멸하여 사라진 것일까요?

그렇지 않다는 것입니다. 자동차가 굴러가는 운동 에너지로 50이 사용되었지만, 나머지 50은 우리가 미처 인식하지 못하는 다른 에너지로 사용됩니다. 이를테면 공기의 저항이나 도로의 마찰로 인한 마찰 에너지로 소멸하기도 하고, 엔진에서 기름 자체를 태우기 위한 에너지로 들어가기도 합니다. 그래서 이러저러한 에너지들을 다 더하면, 결국 100이란 에너지가 고스란히 어딘가에 사용되어졌다는 것입니다.

다시 말해 원래 기름이 가지고 있던 에너지 100은 절대로 소멸하거나 없어지지 않고, 어디에선가 반드시, 우리가 미처 인식하지 못하고 있더라도 반드시, 어떤 종류의 에너지로 바뀌어 무엇인가를 일으키고 있습니다.

죄도 정확히 그렇습니다. 죄가 한번 저질러지면 반드시 그 결과가 있습니다. '반드시' 있습니다. 죄로 인해 부정적인 영적 에너지, 죄와 저주의 에너지가 만들어지는데, 죄의 결과로 만들어졌다는 의미에서 저는 이것을 '죗값 에너지'라 부르고 싶습니다. 예를 들어 도둑질을 하면, 누군가는 그로 인해 물건을 잃어버리는 고통을 겪게 되고, 욕을 하면 그것을 듣는 사람의 마음에 짜증이 나거나 부정적인 생각을 하게 되는 결과를 낳습니다.

이렇듯, 죄가 저질러지면 반드시 무언가 결과를 일으키며 부정적인 영적 에너지가 만들어집니다. 죗값 에너지입니다. 그리고 물리학의 에너지처럼 이 죗값 에너지에도 에너지 보존의 법칙이 성립합니다. 절대로 저절로 소멸하거나 사라지지 않습니다. 죗값 에너지는 누군가의 '고통'이라는 모습으로 그것을 다 소비하기 전까지는 절대로 사라지지 않습니다.

그래서 죄가 저질러지면 그 결과로 만들어진 죗값 에너지가 나 자신에게 돌아와서 내가 그 죄의 값에 해당하는 고통을 겪든지, 아니면 다른 누군가에게 돌아가서 그 사람이 고통을 겪게 됩니다. 그것도 아니면, 당장은 눈에 보이지 않지만, 죗값 에너지가 모이고 쌓여서 '우리가 겪는 고통스러운 환경'을 만들어내기도 하고, 당장 사용되지 않고 역사를 따라 흘러가서 후손들이 고통을 겪게 되기도 합니다.

하여간 죗값 에너지는 누군가 고통을 겪지 않으면 결코 사라지지 않습니다. 죗값 에너지는 '죗값 보존의 법칙'을 충실하게 따릅니다.

이는 하나님의 속성 때문에 그렇습니다. 심은 대로 거두는 것이 공의이고 질서입니다. 죄를 심었는데 아무 결과가 없다고요? 그것은 하나님의 속성이 아닙니다. 그래서 죄에는 반드시 결과가 있습니다.

3. 의를 위해 받는 고난

그런데 앞서 언급한 세 종류의 고통 - 내 죄로 인한 고통, 타인의 죄로 인한 고통, 우리의 죄로 인한 고통과는 다른 네 번째 종류의 고통이 있습니다. 그것은 '의로 인해 받는 고통'입니다. 내가 심지 않은 죄가 있는데, 이 죄의 결과를 내가 기꺼이 치르겠다고 자원해서 선택함으로 받는 고난입니다.

내가 지은 죄에 대한 결과를 받는 것은 자기 죗값을 치르는 것이지, 의를 위해 받는 고난은 아니지요. 내가 지은 죄가 아니라 다른 사람들이 지은 죄, 그리고 그런 죄들이 쌓이고 쌓여서 만들어놓은 죄의 문화, 이런 것들로 인해 치러야 할 죄의 대가들을 자발적으로 선택하여 그 고통을 받을 때, 이것을 의를 위해 받는 고통이라고 합니다. 피할 수도 있지만, 그렇게 되면 '누군가가 이 고통을 감당해야 하기에' 피하지 않고 자원해서 받는 것입니다. 성경은 이 고난에 대해서 이렇게 이야기합니다.

[벧전 4:15-16] 너희 중에 누구든지 살인이나 도둑질이나 악행이나 남의 일을 간섭하는 자로 고난을 받지 말려니와 만일 그리스도인으로 고난을 받으면 부끄러워하지 말고 도리어 그 이름으로 하나님께 영광을 돌리라

앞서 세 종류의 고통은 가능하면 피하고 받지 말 것을 권면하지만, 네 번째 종류의 고통, 즉 '의를 위해 받는 고난'은 받으라는 것입니다. 그것이 하나님께 영광을 돌리는 일이고 복이 있는 일이기 때문입니다.

[마 5:10] 의를 위하여 박해를 받은 자는 복이 있나니 천국이 그들의 것임이라

4. 십자가

예수 그리스도의 십자가가 바로 이것이었습니다. '십자가'의 의미는 한마디로 의를 위해 받는 고통입니다.

(1) 고통

예수께서는 십자가 위에서 고통을 당하셨는데, 그것은 실제적인 고통이었습니다. 십자가 위에는 우리가 이 땅에서 겪는 모

든 종류의 고통이 응축되어 있습니다.

먼저는 '육체의 고통'입니다. 예수께서는 십자가상에서 육체가 경험할 수 있는 가장 큰 고통을 겪으셨습니다. 손발에 못이 박힌 채로 십자가에 매달려 있어야 했습니다. 피가 쏟아지고, 늑골이 막혀서 숨을 쉴 수가 없었습니다. 십자가에는 육체의 고통이 있었습니다.

둘째, '내면의 고통'이 있었습니다. 벌거벗긴 채 매달려야 했습니다. 사람들이 조롱하고 손가락질합니다. 수치와 부끄러움, 실패감, 자아가 무너지는 고통이 있었습니다.

또 십자가에는 '관계의 고통'이 있었습니다. 사랑하던 제자들은 십자가에 달린 예수를 보고 모두 도망쳤습니다. 함께해 주는 이가 없었습니다.

고통스럽지요. 삶을 유지하는 데 필요한 돈, 권위, 관계, 건강 등 모든 것이 무너지는 고통이 십자가상에 있었습니다. 십자가는 한마디로 인간이 겪을 수 있는 모든 고통의 종합판이라 할 수 있습니다. 예수께서 이 모든 고통을 십자가에서 겪으셨습니다. 십자가의 첫 번째 의미는 명확합니다. 그것은 인간이 겪는 고통입니다.

(2) 대속 - 의를 위한 고난

그리고 예수께서 십자가에서 겪으셨던 이 고통은 바로 네 번째 종류의 고통이었습니다. 그것은 예수 자신의 죄로 인한 고통도, 타인의 죄로 인해 어쩔 수 없이 겪어야 했던 고통도 아니었습니다. 예수께서 자원해서 선택하심으로 받으신 고통이었습니다. 누군가 치러야 할 죄의 결과 - 고통과 저주의 죗값 에너지가 있는데, 이 저주의 에너지를 소멸하기 위해서는 누군가 고통을 치러야 했기 때문입니다.

그리고 예수께서 십자가에서 그 죗값을 치르셨습니다. 이것이 '의를 위해 받는 고난'의 의미입니다. 누구를 위해서요? 우리를 위해서! 죗값 보존이라는 하나님의 공의와 우리의 고통을 치료하시려는 하나님의 사랑이 만나는 곳, 그곳이 바로 십자가입니다.

[엡 2:16] 또 십자가로 이 둘을 한 몸으로 하나님과 화목하게 하려 하심이라 원수 된 것을 십자가로 소멸하시고

앞서 언급했듯이, 우리 삶에는 고통이 있습니다. 내 죄로 인한 고통, 다른 사람의 죄로 인한 고통과 억울함, 우리가 함께 만들어놓은 고통 모두 죄로 인한 결과들입니다. 누군가 죄를

범할 때마다 그 죄는 죗값 에너지, 그러니까 고통과 저주의 에너지를 만들어냅니다.

이 에너지는 이곳저곳, 이 사람 저 사람을 떠돌며 그 고통의 총량이 다 소진될 때까지 사람들에게 고통을 줍니다. 그 총량이 즉시 소진되지 않고 쌓이고 쌓이면, 한순간에 폭발하면서 전쟁이나 대재앙과 같이 더 비극적인 결과를 만들어내기도 하고, 소진되지 않고 세월을 따라 흐르면 후손들이 치러야 할 대가로 축적되기도 합니다. 조상들의 잘못된 선택으로 인해 오늘날 우리가 겪고 있는 고통들이 있듯이 말입니다.

예수께서 십자가의 고통을 감당하신 것은 바로 이 때문이었습니다. 죄로 인한 저주의 에너지, 이곳저곳, 이 사람에서 저 사람으로 떠돌아다니는 이 저주의 죗값 에너지를 누군가 끊어야 했던 것입니다.

누군가는 그 에너지를 다 받아내어 자기 삶 속에서 고통으로 소멸시킴으로써, 그 저주의 힘을 끊어내야 했습니다. 그 저주의 에너지가 더 이상 이 사람 저 사람의 인생을 떠돌지 못하도록, 역사를 통해 후손에게 저주로 흘러가지 못하도록, 축적되어 전쟁이나 대재앙으로 발전하지 못하도록, 예수께서 다 감당하신 것입니다.

"모든 죄의 저주들, 모든 죄의 고통들, 내가 십자가에서 다 받아내겠다. 내가 십자가에서 다 처리하겠다. 내가 다 소멸시키겠다! 그러니 너희는 더 이상 고통에 매일 필요가 없다. 이제 너희는 그 저주에 갇혀 있을 필요도 없다. 그 죗값은 내가 다 치렀다! 이제 너희는 자유다. 죄의 저주로부터 해방되었다. 자유해라! 고통에서 벗어나라!"

이것이 십자가입니다. 인류 전체가 태초부터 지금까지 만들어낸 죄의 결과, 아니 미래에 만들어낼 모든 죄의 결과까지, 죄로 인한 부정적인 결과와 에너지를 예수께서 다 감당하신 것입니다.

(3) 오직 예수님만이

이 고통의 총량은 실로 어마어마한 양입니다. 생각해보십시오. 인류 전체가 태초부터 지금까지, 아니 마지막 날까지 만들어낼 죄라니요! 그 죄의 에너지가 얼마나 어마어마한 양일지, 상상도 되지 않습니다. 세월호 사건 하나만 가지고도 그것이 만들어낸 고통의 총량이 어마어마해서, 나라 전체가 한동안 우울증을 겪어야 할 정도였는데, 인류 전체가 만들어낸 죄의 총량은 얼마나 어마어마하겠습니까! 이 고통의 양은 어느 한 사람이 평생 끔찍한 고통을 당한다고 해서 다 소화해낼 수 있는 양이 아닐 것입니다.

그렇기에 이 죄의 문제를 해결하기 위해서는 이 죄의 에너지를 다 받아내고도 남을 만한 역량을 가진 분이 필요했습니다. 그분이 바로 하나님 자신이신 예수님이십니다. 죄가 만들어내는 그 어떤 저주의 죗값 에너지보다 더 크신 분! 그래서 그 죄를 다 담당하시고도 남음이 있는 분! 이분이 있어야만 인류가 쌓아온 죄와 저주의 문제를 해결할 수 있습니다.

그래서 성경은 예수 외에는 구원의 길이 없다고 선포합니다. 저주로부터 인간을 구원할 길이 필요한데, 그것을 감당할 자가 없기 때문입니다. 인류의 죄로 인해 워낙 거대한 저주의 에너지들이 만들어졌기에, 인류가 그 저주 가운데 다 멸망하고, 모두 지옥에 가서 영원히 고통을 당한다 해도, 인류의 죄로 인한 저주의 에너지가 그 고통보다 더 크기 때문입니다.

그렇기에 인간은 이 저주의 에너지를 감당할 수 없습니다. 이것이 예수께서 이 땅에 오신 이유입니다. 이 죄의 총량을 능히 감당하실 수 있는 분. 하나님 자신이신 예수께서 죗값을 소멸하시려고 이 땅에 오셨습니다. 그래서 십자가 외에 구원을 위한 다른 길은 없습니다. 예수 외에는 그 누구도 죄의 문제를 감당할 수 없기 때문입니다.

(4) 사랑

그렇다면 예수께서는 왜 이 고통을 담당하시기로 선택하셨을까요? 성경은 이야기합니다.

> [요 3:16-17] 하나님이 세상을 이처럼 사랑하사 독생자를 주셨으니 이는 그를 믿는 자마다 멸망하지 않고 영생을 얻게 하려 하심이라 하나님이 그 아들을 세상에 보내신 것은 세상을 심판하려 하심이 아니요 그로 말미암아 세상이 구원을 받게 하려 하심이라

하나님이 세상을 이처럼 사랑하사! 예, 세상을 사랑하셨기 때문입니다! 저와 여러분을 사랑하셨기에 죄의 저주와 고통에서 우리를 구원하시려 이 땅에 오셨습니다. 이것이 복음이고 이것이 십자가입니다. 십자가는 우리를 향한 하나님의 사랑입니다. 예수께서 십자가에서 겪으신 모든 고통은 저와 여러분을 향한 하나님의 사랑의 크기와 깊이를 보여줍니다. 기뻐하십시오. 목숨을 내어주실 만큼 여러분을 사랑하는 분이 계십니다! 기쁜 소식 아닙니까?

십자가는 하나님의 공의와 사랑이 만나는 곳입니다. 죄의 값을 정하신 하나님의 공의의 질서와 아들을 내어줌으로 그 죗값을 사랑으로 소멸하신 하나님의 사랑! 이 둘이 완전하게 만

나는 곳이 십자가입니다.

(5) 해방

그래서 십자가에는 특별한 능력이 있습니다. 그것은 우리를 죄로부터, 좀 더 정확하게는 죄의 저주로부터 해방하는 능력입니다. 죄가 만들어내는 고통과 저주의 에너지는 꼭 내가 아니더라도 누군가에 의해 '고통'의 형태로 소멸되면 사라지기 때문입니다.

그래서 죄는 '공의'에서 벗어난 불법입니다. 내가 지은 죄인데 다른 사람이 저주와 고통을 당해야 하고, 다른 사람이 지은 죄인데 내가 저주와 고통을 당해야 하니 말입니다. 죄는 부조리합니다. 그런데 예수께서는 이 죄의 속성을 역이용하셔서, 죄의 모든 저주를 소멸하시는 하나님의 지혜를 드러내셨습니다. "그래? 아무나 죗값을 치러도 돼? 그게 너의 부조리한 속성이야? 그렇다면 내가 다 치르겠어!" 이렇게 선포하신 것입니다. 높도다, 하나님의 지혜여!

그렇기에 이제는 이 사실을 믿는 사람, 이 사실을 인정하는 사람은 누구든지 죄와 저주로부터 해방됩니다. 하나님 앞에 설 때 죄로 인한 정죄함이 없을 뿐만 아니라, 죄의 결과인 저주와 고통으로부터도 해방됩니다. 죄가 만들어낸 모든 부정적인 결과들 - 질병, 슬픔, 관계의 파괴, 죄책감, 재정적 어려움 - 로부터 자유하게 된 것입니다. 할렐루야! 이것이 십자가이며, 이것이 예수 보혈의 능력입니다. 찬송하리로다, 하나님의 지혜여!

그런데 끊임없이 속삭이며 우리를 속이는 소리가 있습니다. "아니야. 아직 죗값이 치러지지 않았어. 그게 어떻게 그렇게 쉽게 해결되겠어? 너는 아직 죄의 저주 아래 있어." 속지 마십시오. 이것은 거짓말입니다.

[롬 8:1-2] 그러므로 이제 그리스도 예수 안에 있는 자에게는 결코 정죄함이 없나니 이는 그리스도 예수 안에 있는 생명의 성령의 법이 죄와 사망의 법에서 너를 해방하였음이라

성경은 선포합니다. "죄와 사망의 법에서 너를 해방하였음이라!" 우리는 자유하게 되었습니다! 예수 그리스도의 십자가로 인해 우리는 죄와 저주에서 해방되었습니다. 저와 여러분은 자유입니다! 이것을 믿음으로 취하십시오. 그분의 고통과 죽으심에는 능력이 있습니다. 죄가 만들어내는 저주와 고통을 십자가에서 소멸시키시는 능력! 그것이 저와 여러분을 향한 십자가의 능력이며 하나님의 사랑입니다.

복음 앞으로 나오십시오. 용서와 해방 앞으로 나오십시오. 어떤 죄든 상관없습니다. 예수께서는 태초부터 종말까지 인류의 모든 죄를 짊어지실 역량이 있으십니다. 그분이 흘리신 피는 창조주 하나님, 그 고귀한 분이 치르신 고통의 대가입니다. 능력이 있습니다. 믿으십시오!

예수의 고난에는 비밀이 있습니다. 예수께서 흘리신 피에는 비밀이 있습니다. 그것은 공평하게 갚아주시는 하나님의 능력입니다. 예수께서 합당하지 않게 당하신 '억울한' 고난을 하나님께서 어떻게 보실까요? 하나님께서 의인의 피를 어떻게 보실까요? 갚아주지 않으시겠습니까? 공의의 하나님께서!

그래서 예수의 피에는 하나님의 갚아주시는 복이 있습니다. 하나님의 능력이 있습니다! 세상 죄를 대속하기 원하셨던 예수의 소원, 죄로 인한 저주를 끊기 원하셨던 예수의 간구 – 이것을 갚아주시는 하나님의 공의의 능력이 있습니다.

이것을 믿음으로 받아들이십시오. 그리고 십자가 앞으로 나오십시오! 해방을 받으십시오. 어떤 문제든 괜찮습니다. 내 죄든, 다른 사람의 죄든, 부모의 죄든, 조상의 죄든, 모르는 사람의 죄든, 죄의 결과로 인한 고통이 있다면, 예수 앞으로 나오십시오. 주께서 돌보실 것입니다.

9

인간의 나라,
하나님의 나라

BELIEVE IN
GOD

그러므로 내가 너희에게 이르노니 목숨을 위하여 무엇을 먹을까 무엇을 마실까 몸을 위하여 무엇을 입을까 염려하지 말라 목숨이 음식보다 중하지 아니하며 몸이 의복보다 중하지 아니하냐 공중의 새를 보라 심지도 않고 거두지도 않고 창고에 모아들이지도 아니하되 너희 하늘 아버지께서 기르시나니 너희는 이것들보다 귀하지 아니하냐 너희 중에 누가 염려함으로 그 키를 한 자라도 더할 수 있겠느냐 또 너희가 어찌 의복을 위하여 염려하느냐 들의 백합화가 어떻게 자라는가 생각하여 보라 수고도 아니하고 길쌈도 아니하느니라 그러나 내가 너희에게 말하노니 솔로몬의 모든 영광으로도 입은 것이 이 꽃 하나만 같지 못하였느니라 오늘 있다가 내일 아궁이에 던져지는 들풀도 하나님이 이렇게 입히시거든 하물며 너희일까 보냐 믿음이 작은 자들아 그러므로 염려하여 이르기를 무엇을 먹을까 무엇을 마실까 무엇을 입을까 하지 말라 이는 다 이방인들이 구하는 것이라 너희 하늘 아버지께서 이 모든 것이 너희에게 있어야 할 줄을 아시느니라 그런즉 너희는 먼저 그의 나라와 그의 의를 구하라 그리하면 이 모든 것을 너희에게 더하시리라 **마태복음 6장 25-33절**

1. 하나님이 계획하신 하나님의 나라

마지막 단원에서는 복음을 '하나님의 나라'라는 관점에서 살펴보려고 합니다. 하나님께서는 천지를 창조하시고 인간을 창조하셨습니다. 그리고 창조하신 모든 것을 통치하셨습니다. 이 통치는 창조주 하나님이 정하신 창조 세계의 질서라고 할 수 있습니다.

지구는 태양의 주위를 돌고, 봄이 되면 꽃이 핍니다. 새들은 하늘을 날고, 물고기는 물속에서 호흡하며 삽니다. 이 모든 질서는 창조주께서 정하신 질서이며, 창조주의 통치입니다. 뿐만 아니라 하나님의 형상으로 지음 받은 인간들에게도 질서를 주셨습니다. 그것은 누구도 억울하게 만들지 말고 서로 사랑하고 보듬으며 살라는 것이었습니다. 창조주 하나님의 속성이 '공의와 사랑'이시기 때문입니다.

하나님나라의 본질은 이 '통치'입니다. 과거 왕의 통치가 미치는 곳까지가 왕국이었고, 현대 국가에서는 주권이 미치는 곳이 그 나라이듯이, 하나님의 통치가 미치는 곳이 하나님의 나라입니다. 그런 의미에서 하나님은 태초에 '하나님의 나라'를 창조하셨습니다. 그리고 이 하나님의 나라는 하나님의 성품과 속성 - 공의와 사랑이 반영된 나라였습니다. 아무도 억울함이 없고, 서로서로 사랑하는 그런 나라! 그러나 불행하게도 인간의 죄로 인해 이 질서와 통치가 무너져버렸습니다.

(1) 하나님의 속성이 반영된 나라

예수께서 이 땅에서 하신 중요한 일은 하나님나라를 가르치시고 회복시키시는 것이었습니다. 그래서 예수의 가르침의 주제는 항상 '하나님나라'였습니다. 하나님이 창조하신 하나님의 나라에는 인간이 하나님을 떠남으로 시작된 '인간의 나라'와는 근본적으로 다른 정반대의 속성이 있습니다. 마태복음 6장 31절은 "무엇을 먹을까, 무엇을 마실까, 무엇을 입을까 염려하지 말라"고 이야기합니다. 왜냐하면 그 모든 필요는 하나님께서 채우실 것이기 때문입니다.

[마 6:31-33] 그러므로 염려하여 이르기를 무엇을 먹을까 무엇을 마실까 무엇을 입을까 하지 말라 이는 다 이방인들이 구하는 것이라 너희 하늘 아버지께서 이 모든 것이 너희에게 있어야 할 줄을

아시느니라 그런즉 너희는 먼저 그의 나라와 그의 의를 구하라 그
리하면 이 모든 것을 너희에게 더하시리라

먹을 것, 마실 것, 입을 것을 구하는 것은 이방나라 - 하나님
을 떠난 인간의 나라에서나 하는 일이라는 것입니다. 하나님
의 나라는 사랑의 하나님께서 인간의 모든 필요를 다 채우시는
나라이기에 이런 것을 구할 필요가 없습니다.

(2) 인간의 세 가지 필요

인간에게는 세 종류의 필요가 있습니다. 먼저 '영적인 필요'가
있습니다. 인간에게는 초월자에 대한 갈망이 있습니다. 모든
인류, 모든 족속은 동서고금을 막론하고 신을 만들어 섬겨왔
습니다. 인간의 내면에는 초월자 하나님으로만 채워질 수 있
는 불안함이 있기 때문입니다. 이것이 영적인 필요입니다. 또
한 인간에게는 '정서적인 필요'가 있습니다. 우정을 나눌 친구
가 필요하고, 사랑할 가족들이 필요합니다. 아무와도 정서적
교제를 나누지 못한다면, 인간은 삶을 유지할 수 없을 것입니
다. 세 번째로 인간에게는 '물질적 또는 육체적인 필요'가 있습
니다. 인간은 먹어야 하고, 마셔야 하고, 입어야 합니다.
　그런데 마태복음 6장은 이 모든 인간의 필요를 하나님께서

채우신다고 이야기합니다. 이 책의 5장에서 언급했듯이, 인간은 하나님 의존적인 존재로 창조되었습니다. 하나님을 통해 모든 생명의 필요들 - 영적 필요, 정서적 필요, 물질적 필요를 공급받는 존재로 창조되었다는 것입니다. 그러니 스스로 이 필요들을 모두 책임지고 채우려고 애쓰지 말라는 것입니다. 하나님의 나라에서는 하나님이 모든 필요의 공급자이십니다.

그리고 하나님으로부터 모든 필요를 공급받은 인간은 하나님이 그러셨듯이, 하나님으로부터 받은 자신의 자원들을 서로에게 나눔으로 기뻐하고 즐거워하도록 지음 받았습니다. 하나님은 하나님의 백성들도 하나님과 똑같이 다른 사람들의 '공급자'가 되기를 원하셨습니다. 하나님의 나라는 한마디로 서로가 서로의 필요를 채우는 '사랑이 다스리는 나라'였습니다. 이것이 창세기 1장에서 "하나님이 보시기에 심히 좋았더라"라고 하신 하나님의 나라입니다.

2. 인간의 반역

그러나 이런 하나님의 계획은 인간의 반역으로 인해 변질됩니다. 아담과 하와가 선악과를 따먹음으로 하나님을 떠나 스스로 선과 악을 결정하겠다고 선언한 것입니다. 이 독립선언으로 인해 인간은 하나님 의존적인 존재에서 벗어나, 스스로 선과

하나님이 생각하셨던 하나님의 나라

사랑이 다스리는 나라

하나님

인간의 영적, 정서적, 육체적 필요를
모두 하나님께서 공급

인간　　인간　　인간

사랑으로 섬기고 나눔

악을 결정하고 통치하는 '인간의 나라'를 세우게 됩니다.

이것이 성경이 이야기하는 '죄'입니다. 하나님으로부터 독립을 선언하고 잠시 자기 마음대로 사는 재미를 누렸을지 모르겠지만, 문제는 '끊어버린 관계'가 사실은 '공급선'이었다는 것입니다. 인간이 스스로 공급선을 잘라버린 것입니다.

"인간이 잘못했어도, 하나님께서 계속 공급해주시면 안 되는 겁니까? 사랑의 하나님이시라면서요?" 예. 하나님도 그렇게 하고 싶으셨습니다. 그런데 문제는 이 공급선이 본질상 하나님의 창조주 되심을 인정하지 않고는 유지될 수 없는 성질의 것이라는 데 있습니다.

물질적 공급은 모르겠지만, 정서적 공급과 영적 공급은 하나님을 하나님으로 인정할 때만 채워질 수 있는 것들입니다. 창조주 하나님의 존재를 부정하면서 과연 그분으로부터 영적 필요를 채움 받는 것이 가능할까요? 인간 내면에 존재하는 초월자에 대한 갈망, 죽음 이후에 대한 불안, 존재와 뿌리에 대한 의문이 해결될 수 있을까요? 불가능합니다.

영적인 필요는 인간이 스스로 창조주 하나님을 인정할 때만 채워질 수 있습니다. 정서적인 필요도 마찬가지입니다. 인간은 하나님과의 관계를 통해서 이웃과 관계하는 법을 배우고 훈련하도록 창조되었습니다. 하나님께 사랑받는 것을 통해 이웃에

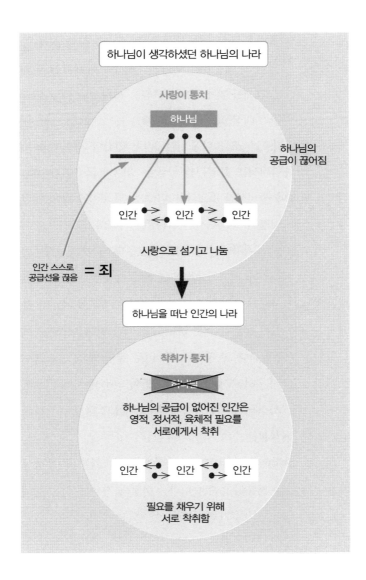

하나님이 생각하셨던 하나님의 나라

사랑이 통치

하나님

하나님의
공급이 끊어짐

인간   인간   인간

인간 스스로
공급선을 끊음 = 죄

사랑으로 섬기고 나눔

하나님을 떠난 인간의 나라

착취가 통치

하나님

하나님의 공급이 없어진 인간은
영적, 정서적, 육체적 필요를
서로에게서 착취

인간   인간   인간

필요를 채우기 위해
서로 착취함

게 사랑받는 올바른 법을 배우고, 하나님을 사랑하는 것을 통해 이웃을 사랑하는 법을 배웁니다. 그렇기에 하나님을 떠난 인간은 올바른 관계를 맺을 수 없습니다. 하나님을 떠난 인간은 서로를 착취의 대상으로 볼 뿐입니다.

물질적인 필요는 조금 다릅니다. 비록 인간이 하나님을 떠났어도 하나님께서는 물질적인 공급을 멈추지 않으셨습니다. 영적인 필요나 정서적인 필요와는 다르게, 물질적인 필요는 그냥 하나님이 일방적으로 주시면 되는 것이니까요.

실제로 오늘날 지구에서 생산되는 모든 먹거리를 합치면, 인류 전체가 넉넉하게 먹고살 수 있을 만큼 충분합니다. 그런데 왜 굶주리는 사람들이 있을까요? 예. 그것은 생산이 아니라 분배에 문제가 있기 때문입니다. 하나님을 떠난 인간은 공평하게 나누기를 거부합니다. 어떤 사람은 너무 부유해서 돈을 종이 쪼가리 쓰듯 사용하고, 어떤 사람은 돈이 너무 부족해서 굶어 죽어갑니다. 하나님을 떠난 인간의 타락이 물질적 공급선까지 망가뜨린 것입니다.

데이빗 바렛의 통계에 의하면, 상위 20퍼센트가 지구 총생산의 86퍼센트를 점유하고 있습니다.[6] 미국의 경우는 더욱 심해

---

6   이현모, 《현대선교의 이해》(침례신학대학교출판부, 2012) p40.

서, 상위 1퍼센트가 전체의 50퍼센트 이상을 점유합니다. 그리고 이는 경제적 양극화를 더욱 가속시킵니다.

노벨 경제학상을 수상한 토마 피케티는 그의 저서 《21세기 자본》에서 자본 수익률이 경제 성장률을 초과하고 있음을 이야기합니다. 돈이 만들어내는 수익이 노동이 만들어내는 수익률보다 크다는 것입니다. 아무리 열심히 일해도, 노동으로는 자본의 수익률을 따라갈 수 없으니, 부자는 더욱 부자가 되고 가난한 자는 더욱 가난해지는 것이 현실입니다.

3. 어디서 필요를 채울 것인가?

하나님의 나라와 인간의 타락을 경제적 측면, 그러니까 돈의 관점에서 좀 더 깊게 들여다봅시다. 필요를 채워주시던 하나님의 공급선을 끊어버린 인간은 이제 자기들의 필요를 채울 새로운 자원이 필요하게 되었습니다. 하나님을 떠났다고 해서 필요가 없어진 것은 아니니까요. 그리고 그 새로운 자원이 된 것이 바로 '타인'이었습니다. 하나님을 제외하고는 인간만이 유일한 영적 존재이기 때문입니다. 하나님을 떠난 인간은 자연스럽게 서로에게서 이 필요를 채우기 위해, 서로를 착취하기 시작했습니다.

인간의 역사는 착취가 발전되어 온 역사로 이해할 수 있습니다. 시간의 흐름 속에서 작은 착취가 더 크고 조직적인 착취로 발전해 왔습니다. 예를 들어 배고픔이라는 필요가 있습니다. 인간의 가장 기본적인 필요 중 하나지요. 배가 고픕니다. 그런데 옆 사람을 보니 그에게 먹을 것이 있습니다. 빼앗습니다. 힘이 있으면 빼앗고, 없으면 빼앗깁니다. 하나님의 공급선이 끊어진 인간은 그 필요를 채우기 위해 서로의 것을 빼앗기 시작합니다. 착취가 시작된 것입니다.

그런데 허구한 날 치고받고 싸울 수는 없잖아요? 어느 정도 시간이 지나면 질서가 생깁니다. 닭들을 한 울타리 안에 넣어두면 처음에는 모이를 가지고 치고받고 치열하게 싸우지만, 어느 정도 시간이 흐르고 나면 더 이상 싸우지 않습니다. 서열이 정해지기 때문입니다. 그리고 이 서열에 따라 모이를 먹습니다.

물리적으로 싸우지는 않지만, 본질적으로는 착취입니다. 주인이 모이를 줄 때는 모든 닭에게 공평하게 동일한 분량을 주었습니다. 그런데 힘센 닭이 약한 닭의 것을 착취해 먹는 것입니다. 물리적으로 싸우지는 않지만, 여전히 착취입니다. 조직적인 착취입니다.

인간도 마찬가지입니다. 처음에는 물리적인 싸움으로 시작하지만, 시간이 지나면 나름의 질서가 생깁니다. '착취의 질서'가 만들어지고 이 질서는 발전에 발전을 거듭합니다. 처음에는 마을 안에서 줄서기를 합니다. 추장이 선출됩니다. 그리고 나면 이 추장이 착취의 질서를 정합니다. "너는 이만큼 갖고, 너는 요만큼만 가져. 이거 이상 빼앗으면 안 되고, 이건 해도 돼."

추장이 분배의 질서, 본질적으로는 착취의 질서를 결정합니다. 질서를 만들어낸 마을은, 이제 추장의 리더십 아래 조직적으로 움직이며 다른 마을의 것을 착취하기 시작합니다. 우리끼리 싸우지 말고 다른 마을 사람들의 것을 빼앗자는 것이지요.

그 착취가 마을 단위로 발전합니다. 이어 마을이 씨족으로, 씨족이 민족으로, 민족이 국가로, 규모를 키우며 착취의 규모가 발전합니다. 결국 왕이 세워집니다. 가장 힘센 자, 가장 많이 착취할 수 있는 자가 왕이 되어서 국가 차원의 분배 질서, 사실은 착취의 질서를 정합니다. 이것이 인간 나라의 본질입니다.

유럽에서 이 질서가 정착되어 완성된 것이 중세 봉건 군주국가입니다. 가장 힘센 사람이 왕이 되고, 왕은 국가의 모든 자원을 소유합니다. 그리고 자신이 원하는 대로 기사들에게 자원을 나누어주는 대신 기사들의 충성을 약속받습니다. 봉토를 받은 기사는 다시 하급 기사에게 봉토를 나눠주고 충성을 약속받습니다. 하급 기사에서 또 다른 계층으로 이어지는 이 봉건제도의 마지막에는 노예처럼 살아가는 힘없는 농민들이 있습니다. 이것이 착취의 질서가 정착된 인간 나라 - 중세 봉건 군주국가의 모습입니다.

(2) 질서에서 문화로의 전환

그런데 이 봉건적 계급 질서는 소수가 다수를 착취하는 구조이기에, 대중의 불만이 클 수밖에 없습니다. 18세기가 되어 사람들의 이성이 깨어나기 시작하자, 중세 봉건 질서에 대한 저항이 일어납니다. 대표적인 것이 프랑스 대혁명(1789년-1794년)입니다.

프랑스 혁명의 이슈는 '자유'와 '평등'이었습니다. 그런데 사실 자유와 평등은 모순되는 개념입니다. 자유가 있으면 평등이 침해를 당하고, 평등이 있으면 자유가 어느 정도 제한될 수밖에 없기 때문입니다. 자유롭게 가지고 싶은 것을 다 가지면 절대로 공평하게 평등이 유지되지 않고, 누구나 다 평등하게 살려면 나의 자유를 어느 정도 포기해야 합니다.

그런데 서로 상충되는 두 개념이 어떻게 프랑스 혁명 안에 공존하게 되었을까요? 거기에는 당시 중세 봉건 질서에 기초한 유럽의 상황이 반영되어 있습니다. 사실 프랑스 혁명의 진짜 이

슈는 자유와 평등이 아니라 '착취에 대한 반항'이었습니다. 착취 구조의 상층에 위치한 왕과 귀족, 그리고 성직자들에 대한 반항이었지요.

'자유'를 주장한 사람들은 상업을 통해 어느 정도의 부를 축적한 부르주아 계급이었습니다. 부는 가졌지만 정치적, 사회적 활동이 제한되었던 이들은, 좀 더 자유로운 정치 사회적 자유를 주장하며 혁명에 참여합니다. 반면 '평등'을 주장한 사람들은 정치적 자유뿐 아니라 먹고사는 문제까지 위협받으며 아무것도 가진 것이 없던 프롤레타리아 계급이었습니다. 이들은 모든 사람이 똑같이 먹고, 동등하게 잘살 수 있는 평등을 주장하며 혁명을 일으킵니다.

이들의 연합은 혁명을 통해 착취의 질서를 무너뜨립니다. 자유를 쟁취하고 평등을 쟁취한 듯 보였습니다. 그러나 처음부터 모순되는 개념이었던 이들의 주장은 혁명이 성공한 이후에 갈등으로 표출됩니다. 자유를 선호하는 부르주아 계급인 '지롱드파'와 평등을 선호하는 사회주의 계열의 '산악파'(또는 자코뱅)로 나뉘어 서로를 견제하기 시작합니다.

초기에는 평등을 주장하는 프롤레타리아 산악파의 로베스피에르가 권력을 잡고 피의 숙청을 단행합니다. 단두대가 등장하고, 파리 콩코드 광장에는 피가 강같이 흘렀습니다. 그러다

지롱드파의 반격으로 인해 로베스피에르 역시 형장의 이슬로 사라지고, 엎치락뒤치락하는 몇 번의 과정을 거쳐 나폴레옹에 의해 다시 왕정으로 복귀하게 됩니다.

프랑스 혁명이 중요한 이유는, 여기서부터 근대 국가가 태동했기 때문입니다. 프랑스 혁명에서 시작된 '자유'와 '평등'의 개념은, 19세기와 20세기를 거치며 자유를 근간으로 한 '자유민주주의 국가'와 평등을 근간으로 한 '사회주의 국가'의 탄생으로 실체화됩니다. 볼셰비키 혁명으로 평등을 실현하고자 하는 공산주의 국가가 등장하고, 반대편에서는 인간의 자유를 존중하는 자유민주주의 국가들이 정착되기 시작합니다.

하지만 이러한 시도들이 본질적인 해결이 될 수 없었던 것은 프랑스 혁명의 진짜 이슈가 자유나 평등이 아니라 착취였기 때문입니다. 그리고 착취의 해결은 자유나 평등이 아닌 나눔과 섬김에 있기 때문입니다.

(3) 착취의 문화

이 빗나간 혁명이 눈에 보이는 중세 봉건 국가의 착취 질서를 무너뜨린 듯 보였지만, 인간 세상에는 여전히 착취의 고통이 계속됩니다. 착취의 질서는 근대 국가로 넘어오면서 그 모양을 바꿔 착취의 문화로 발전하게 됩니다. 질서에서 문화로의 전이가 일어나게 된 것이지요.

이제 착취는 물리적인 힘으로 빼앗는 것에서 벗어나, 사회조직을 통한 구조적 모습으로 진화합니다. 예를 들어 아르바이트생은 한 달 내내 뼈 빠지게 일해서 최저임금 수준에 맞는 돈을 벌지만, 의사와 교수는 똑같이 일하면서 그들보다 훨씬 더 많이 법니다. 심지어 미국 대기업 CEO들의 평균 연봉은 평사원들 평균 연봉의 300배가 넘습니다.

어떻게 이런 일이 가능할까요? 예. 그것은 우리 사회가 약속한 '분배의 규칙'이기 때문입니다. 그래서 우리에게는 이것이 자연스럽습니다. "의사? 의사가 많이 버는 거야 당연하지." 자연스럽습니다. '자연스럽다'는 말에 주의하십시오. 자연스럽다는 것이 바로 문화의 정의입니다.

문화란 한 사회 속에서 자연스럽게 받아들여지는 삶의 방식들의 총합입니다. 우리 사회에는 대부분의 구성원들이 자연스럽게 여기는 분배의 규칙, 즉 문화가 있습니다. 이제 더 이상 왕이 분배의 질서를 결정하지 않지만, 대신 분배의 규칙에 따라 '자리'들이 마련되어 있습니다. 그리고 그 포지션을 차지하기 위해 그 사회가 약속한 방법대로 싸웁니다. 이것을 '경쟁'이라 부르지요. 하나님을 떠난 인간의 나라에서, 착취는 이제 경쟁이라는 모습으로 합리화됩니다.

경쟁을 통해 이제 우리는 합법적으로 착취를 행할 수 있게 되었습니다. 그런데 이렇게 착취가 문화가 되면 중요한 현상이 나타납니다. 바로 죄책감이 사라지는 것입니다. 물리적으로 부딪치면서 착취할 때는 그래도 미안한 마음과 양심의 가책은 느꼈는데, 착취의 문화가 형성되고 나면 그런 죄책감은 사라집니다. 합법적으로 노력해서 벌었다고 느끼기 때문입니다. 억울하면 너도 열심히 노력해서 그렇게 하라는 것입니다. 죄책감이 사라집니다. 그리고 그 결과 우리가 얼마나 심각한 착취 구조 속에 살고 있는지 깨닫지 못합니다. 그런데 한 번 볼까요? 지금 세상이 얼마나 심각한 착취의 구조 속에 있는지 말입니다.

4. 빈곤과 기아의 문제[7]

여러분, 전 세계에 빈민이 얼마나 될까요? 데이빗 바렛은 연평균 소득이 1천 달러가 안 되는 사람들을 빈민으로 분류하는데, 이런 인구가 대략 얼마나 될까요? 2015년 통계[8]에 의하면 놀랍게도 세계 인구의 거의 절반에 가까운 47퍼센트, 약 34억 (73억 인구 기준)이 빈민이었습니다.

---

7 이현모, 《현대선교의 이해》(침례신학대학교출판부, 2012) pp40–41.

8 David B. Barrett and Todd M. Johnson, "Annual Statistical Table on Global Mission : 2015" IBMR (January 2015).

그런데 여러분, 이 중에는 '절대 빈곤 계층', 그러니까 1년에 1백 달러도 벌지 못하는 사람들이 있습니다. 세계 인구의 약 18퍼센트인 13억입니다. 세계 인구 약 5명 중 1명이 1년에 1백 달러, 십만 원가량도 벌지 못한다는 것입니다.

여기서 소득이란 돈만 의미하는 것이 아닙니다. 돈이 없어도 농사지어서 먹고사는 사람들이 있습니다. 이들은 빈곤층이 아닙니다. 여기서 소득이란 모든 수입 - 농사, 작물, 돈 등 모든 수입을 다 합친 것입니다.

이들 중에 진짜 '극절대 빈곤층', 즉 1년에 십 달러를 못 버는 사람들이 있는데, 이들은 약 2퍼센트에 해당하는 1억5천만 명입니다. 1억 명 이상의 사람이 1년에 돈 만 원 남짓을 벌지 못한다는 것입니다.

믿어지십니까? 빈곤층에 속하는 이 34억의 사람들은 환경이 조금만 바뀌면 죽을 수밖에 없습니다. 날씨가 조금 더워지거나, 바람이 좀 더 많이 불거나, 비가 좀 더 많이 오거나, 날씨가 좀 더 추워지면 짐승처럼 죽습니다.

세상의 절반 남짓이 이런 사람들입니다. 세상은 가난합니다. 충격적으로 가난한 것이 우리가 사는 세상입니다. 그런데 왜 우리는 이 가난에 대한 감이 없을까요? 대답은 단순합니다. 우리가 잘살기 때문입니다. 빼앗기는 쪽이 아니라 빼앗는 쪽에 속해 있기 때문입니다. 대한민국에서 가장 가난한 사람도, 세계 규모로 보면 상위 20퍼센트 안쪽에 듭니다. 그러니 가난에 대한 감이 없을 수밖에요.

기아 문제도 심각합니다. 매년 약 2,200만 명이 기아와 관련되어 죽습니다. 하루에 6만 명이 기아로 죽는 셈입니다. 그러나 이 통계는 빙산의 일각입니다. 정부들이 웬만하면 사망의 원인을 '기아'로 분류하지 않습니다. 창피하잖아요. 그래서 실질적인 사인이 기아인 경우에도 다른 합병증이 있으면 사망 원인을 다른 것으로 분류합니다. 결국 통계수치보다 훨씬 많은 사람들이 기아로 죽어가고 있습니다. 더욱 가슴 아픈 것은 기아로 인한 사망자의 대부분이 5살 미만의 아이들이라는 사실입니다.

그런데 정말로 지구상에 먹을 것이 없어서 사람들이 굶어 죽을까요? 아닙니다. 사실 지구에서 생산되는 식량은 모든 인구가 먹고도 남을 만큼 충분합니다. 하나님이 부족하지 않게 주셨습니다. 문제는 나누지 않는 것입니다. GWP(Gross World Product)라는 수치가 있습니다. 세계 총생산, 즉 한 해 동안 지구에서 생산되는 모든 소득 - 농산물, 공산물, 서비스업 등 모든 소득을 합친 것인데요. 전 세계 부유층 20퍼센트가 GWP의 86퍼센트를 사용합니다. 그에 반해 전 세계 빈곤층 20퍼센트는 불과 1.3퍼센트를 사용하고 있습니다.

또 47퍼센트의 빈곤층 34억의 1년 총수입은 약 9천억 달러인데요, 미국에서 한 해 동안 도박으로 나가는 돈이 8,150억 달러입니다. 금융사기로 나가는 돈은 9,320억 달러이고, 군사비로 나가는 돈은 1조 달러가 훨씬 넘습니다. 마약으로 소비되는 돈이 2천억 달러, 심지어 쥐가 먹어 치우는 돈이 1년에 4천억 달러입니다.

세상에! 지구 인구 절반에 가까운 숫자가 겨우 쥐가 먹어 치우는 돈의 두 배로 버티고 있다는 것입니다! 이것이 우리의 현실입니다. 지난 20년 동안 세계 경제가 정확히 2배 성장했는데, 놀랍게도 이 성장분의 100퍼센트가 부유한 사람들에게 돌아갔습니다. 빈민층의 수입은 지난 20년 동안 하나도 변하지 않았습니다. 빈곤과 기아의 문제는 절대 부족에서 오는 것이 아닙니다. 분배에서 옵니다. 나누지 않기 때문입니다. 이것이 오늘날 우리가 살고 있는 착취의 현실입니다.

5. 정서적 착취, 영적인 착취

착취는 물질적인 면에서만 이루어지는 것이 아닙니다. 정서적으로도 이루어집니다. 하나님을 떠난 인간은 이제 그 정서적 필요의 공급처를 다른 곳에서 찾게 되었습니다.

(1) 정서적인 착취

그런데 정서적 필요는 물질적 필요와 다르게 반드시 인격적 관계를 통해서만 채워집니다. 그리고 인간은 하나님을 제외한 유일한 인격적 존재입니다. 그래서 사람들은 자신의 정서적 필요를 채우기 위해 다른 인간을 착취하기 시작합니다. 모든 인간관계가 결국 자신의 정서적 필요를 채우기 위한 것 아닙니까? 사랑도, 우정도 모두 이 정서적 필요를 채우는 것으로 변질되었습니다.

젊은 사람들과 결혼 상담을 하다보면, 배우자에 대해 기대하는 조건들이 있습니다. 이것도 있어야 하고, 저것도 만족 되어야 하고…. 그런데 조건들을 들어보면 결국 자신의 필요를 채워줄 사람을 찾는 것입니다. 내 안에 사랑받고 싶은 필요, 존경받고 싶은 필요, 인정받고 싶은 필요, 보호받고 싶은 필요, 이런 정서적 필요들을 채워줄 사람을 찾습니다.

'나의 도움을 필요로 하는 사람', '나를 통해 필요가 채워질 사람'을 배우자의 조건으로 생각하는 사람은 만나보기 어렵습니다. 모두 상대방을 이용해 자신의 필요를 채우려 할 뿐입니다. 착취입니다.

교회도 마찬가지입니다. 사람들이 교회에 나오는 이유는 '사랑하기' 위해서가 아니라 대부분 '사랑받고' 싶어서입니다.

먹이를 물어온 어미 오리를 향해 주둥이를 벌리고 울어대는 새끼 오리들처럼, "나요! 나를 이해해줘요! 나를 사랑해줘요!" 하고 외칩니다. 정서적 착취입니다. 하나님을 떠난 타락의 결과입니다. 하나님으로부터 정서적 만족을 공급받지 못하기 때문입니다.

이것은 하나님의 방식이 아닙니다. 원래 하나님의 방식은 우리가 서로서로의 필요를 채워주는 것이었습니다. 이것이 사랑이지요. 하나님의 공급선을 끊어버린 인간은 결국 다른 공급선 - 다른 인간을 착취함으로 그 필요를 채우고자 합니다. 그러나 불행하게도 그것은 그 필요를 채워줄 수 없는 공급선입니다. 아무리 마셔도 갈증이 해소되지 않았던 우물가의 여인처럼, 하나님을 떠난 인간은 채울 수 없는 영원한 목마름의 저주 속에 살아가게 되었습니다.

(2) 영적인 착취

영적으로도 그렇습니다. 사실 인간에게 진짜 중요한 필요는 물질적, 정서적 필요보다 영적인 필요입니다. 인간의 내면에는 초월자에 대한 갈망이 있습니다. "나는 어디에서 와서 어디로 가는가? 이 세상은 어떻게 시작되었으며, 죽음 이후에는 무엇이 기다리는가? 사람은 그냥 고깃덩어리에 불과한 것인가, 아니면 짐승들과는 다른 영혼이 존재하는가?"

이런 초월자에 대한 끊임없는 질문들이 어떤 방법으로든 채워지지 않으면 사람은 불안을 느낍니다. 행복한 삶을 영위할 수 없습니다. 그래서 동서고금 어느 민족, 어느 나라를 막론하고 '신'을 만들지 않았던 나라는 없었습니다. 그리고 그렇게 만들어진 신들에게서 영적인 필요를 착취해내려고 했습니다.

그런데 잘 안 되었습니다. 필요를 채워줄 수 있는 진짜 창조주가 아니었으니까. 그러나 이 신들이 인류 역사에 끼친 영향은 지대했습니다. 사람들이 영적 필요를 채우기 위해 거의 광적으로 집착했기 때문에 그 결과 또한 어마어마했습니다. 자신들의 신이 진짜 신이 아니라는 것을 인정하는 일은 사람들을 견딜 수 없는 공허와 혼돈으로 내몰았기에, 어떻게 해서든 자기들의 신이 진짜임을 증명하려 해왔습니다.

대표적인 것이 911테러와 IS 같은 것들이지요. 이 파괴력은 영적 필요가 인간에게 얼마나 절박한가를 보여줍니다. 인간에게는 영적인 필요가 있습니다. 그리고 하나님을 떠난 인간은 이것을 채워줄 새로운 자원이 필요하게 되었습니다.

(3) 원죄

하나님을 떠난 인간은 이렇게 영적, 정서적, 물질적 필요를 채우기 위해 서로를 착취하게 되었습니다. 그런데 불행히도 인간은 이중 어떤 것도 채워줄 능력이 없습니다. 그래서 우리는 이것을 '원죄'라고 부릅니다. 멈추고 싶어도, 착취하지 않으려고 해도 안 되는 것입니다. 공급선이 끊어졌으니까요. 모든 죄의 근원은 여기에 있습니다. 하나님을 떠난 것, 공급의 근원이신 하나님을 떠나고 공급선을 끊어버린 것, 이것이 죄의 근원입니다.

6. 착취 문제 해결을 위한 시도

(1) 공산주의

하나님을 떠난 인간은 착취 문제를 해결하기 위해 다양한 시도를 해왔습니다. 그중 하나가 공산주의입니다. 마르크스는 똑똑한 사람이었습니다. 인류를 괴롭혀온 문제의 본질을 꿰뚫어 보았습니다. 그리고 그것이 '착취'라는 것을 알았습니다.

비록 착취를 물질적 의미로 제한하기는 했지만, 그는 착취가 인류 모든 문제의 핵심인 것을 알았습니다. 그리고 이를 해결할 대안으로 공산주의 사회구조를 제시합니다. 모두가 평등하고 공평하게 나누어 가지자는 것입니다. 그러면 착취의 문제도 자연히 사라질 테니 말입니다. 그의 제안에 따라 지구 절반의 나라들이 공산주의로 넘어갑니다. 불과 수십 년 만에 말입니다.

불행하게도 공산주의 실험은 한 세기 만에 실패로 막을 내립니다. 인류 문제의 본질을 꿰뚫어 보았던 공산주의가 왜 실패했을까요? 의도는 좋았을지 모르지만, 인간의 본질을 무시했기 때문이라고 생각합니다. 하나님을 떠난 인간은 그 삶의 방향이 자기중심적입니다. 다른 사람의 자원을 빼앗아 나의 필요를 채우고자 하는 것이 하나님을 떠난 인간의 본성입니다.

하나님을 떠난 인간에게는 착취하지 않으면 견딜 수 없는 갈증이 있습니다. 만약 인간이, 하나님과의 공급선이 단절되지 않아서, 모든 필요를 하나님께로부터 공급받고, 공급받은 자원을 서로 나눔으로 행복할 수 있는 창조의 원래 모습을 간직하고 있었다면, 공산주의는 성공했을 것입니다. 내가 열심히 일하고, 다른 사람이 그 소득을 가져가도 행복했을 테니까요.

그러나 하나님과의 공급선이 끊어짐으로, 주기보다는 빼앗는 것으로 바뀐 인간의 본질은 공산주의와 같은 제도를 기쁘게 받아들일 수가 없습니다. 결국 모두 게을러져버리고 말았습니다. 더욱 아이러니한 것은 시간이 지나자 공산주의 안에도 역시 착취의 구조가 생기더라는 것입니다. 부당한 방법으로 부를 축적하는 사람들이 등장합니다. 착취하는 소수의 지배층과 그렇지 못한 대다수의 피지배 계층이 생겼습니다.

공산주의의 의도와 시도는 좋았을지 몰라도, 그것은 인간에게는 맞지 않는 옷이었습니다. '착취하는 인간'이라는, 하나님을 떠난 인간의 본질과는 어울리지 않는 제도였습니다. 공산주의는 '착취하는 존재'라는 인간의 본질을 너무 가볍게 생각했습니다.

그에 반해 자본주의는 좀 달랐습니다. 자본주의는 공산주의에 비해 오래 지속되고 있는 듯 보입니다. 어떤 분들은 자본주의를 성경에서 시작된 경제구조라고 생각합니다. 자본주의의 이념적 바탕을 제시한 사람이 종교개혁자 칼빈이라고 이야기하기도 하지요. 그러나 자본주의는 성경적 제도가 아닙니다. 결코 아닙니다. 성경은 한 번도 이런 경제 시스템을 이야기한 적이 없습니다.

(2) 희년

성경이 제시하는 경제 원리를 보여주는 흥미로운 제도가 바로 '희년'입니다. 구약 성경에 나오는 희년은 하나님이 당신의 백성들에게 명하신 경제 원칙 중 하나였습니다. 이스라엘에게 50년마다 희년을 선포하라고 하셨는데, 희년에는 세 가지를 행하게 됩니다. 첫째, 모든 노예를 해방합니다. 둘째, 모든 빚을 탕감합니다. 셋째, 땅을 원래 주인에게 돌려줍니다.

하나님은 공평하신 분이십니다. 출발선상의 불평등을 허락하지 않으십니다. 현대 자본주의 사회에서는 출발부터 불평등한 경우를 봅니다. 부자 부모를 만난 사람은 좋은 교육을 받으며 좋은 대학에 진학합니다. 그리고 명문 대학 졸업장은 사회적 성공의 기반이 됩니다. 기득권이 세습됩니다. 그 결과 가난한 가정에 태어난 사람은 태어나면서부터 불공평한 경쟁을 하게 됩니다. 금수저와 흙수저, 우리 하나님은 이런 것을 허락지 않으셨습니다. 50년이 지나면 모두 다 리셋하고 공평하게 다시 시작하라는 것입니다.

그런데 여러분, 이런 경제 시스템이 오늘날 적용될 수 있을까요? 사람들은 비웃습니다. 도무지 말이 안 되는 경제 원칙으로 보이기 때문입니다. 오늘날 노예야 없으니까 그렇다 쳐도, 빚을 다 탕감해주라니요. 그러면 49년 차에는 어떻게 되겠습니까? 은행은 난리가 날 것입니다. 돈 빌리려는 사람들로 북새통을 이룰 것입니다.

또한 아무도 돈을 빌려주려 하지 않을 것입니다. 빌려주면 1년 있다가 다 날리는데, 빌려주겠습니까? 땅도 마찬가지입니다. 부동산 거래가 마비될 것입니다. 자본주의 시스템 아래서 희년이라는 하나님의 경제 제도는 도무지 말이 되지 않는 제도입니다. 그래서 실제로 이스라엘도 이 희년을 한 번도 지키지 않았습니다.

그런데 이 희년이 실제로 이루어지는 곳이 한 군데 있습니다. 다른 곳에서는 다 안 되지만, 딱 한 군데서는 이루어집니다. 그것은 바로 가정입니다. 아무리 49년째 해가 되어도 자식이 부모에게 돈을 빌리러 가면 부모는 모른 척하지 않습니다. 돌려받지 못할 것을 알면서도 빌려줍니다. 땅도 마찬가지입니다.

가정에서는 희년이 이루어집니다. 왜일까요? 가정은 '사랑'이 바탕이 된 곳이기 때문입니다. 사랑이 바탕이 된 곳, 사랑의 문화가 통치하고 다스리는 곳에서는 희년이 자연스러운 경제 법칙이 될 수 있습니다. 그러나 사랑이 아닌 착취가 통치하는 곳, 착취의 문화가 지배하는 곳에서 희년이란 우스운 제도일 뿐입니다.

이것은 제도의 문제이기 이전에 인간 본성의 문제입니다. 인간 본성이 '착취'에서 '사랑'으로 바뀌지 않는 한 하나님의 제도는 작동하지 않습니다. '공산주의'와 마찬가지로 '희년' 역시 인간에게는 맞지 않는 옷입니다. 인간의 본성이 이것을 수용할 수 없기 때문입니다. 우리에게 필요한 것은 인간 혁명이지, 제도 혁명이 아닙니다.

(3) 자본주의

다시 자본주의에 대해 생각해봅시다. 살펴본 바와 같이 자본주의 역시 성경적인 제도가 아닙니다. 그런데 왜 자본주의가 성경에 기초했다고 할까요? 그 이유는, 자본주의가 인간이 죄인이라는 사실을 인정하기 때문입니다. 인간은 지극히 자기중심적이고, 이기적인 존재라는 사실을 인정하고, 그 위에 경제 시스템을 얹은 것입니다.

각자가 자기 자신의 최대 이익을 추구하면, 사회는 최대 생산성을 가지게 될 것이라고 믿습니다. 하나님을 떠난 인간의 이기심을 생산의 동력으로 삼습니다. 그렇기에 자본주의는 공산주의보다는 인간에게 잘 맞는 옷이라고 할 수 있습니다. 이것이 자본주의가 장수하는 이유입니다.

그러나 자본주의 역시 하나님이 원하시는 제도가 아닌 것은 분명합니다. 자본주의의 수명도 그리 길지는 않을 것입니다. 자본주의의 필연적인 결과는 빈익빈 부익부입니다. 토마 피케티가 주장했듯이, 자본 수익률이 노동 수익률보다 높기 때문입니다. 물론 정부의 적극적인 개입으로 이런 문제가 한 나라 안에서는 극단으로 치닫지 않을 수도 있습니다. 하지만 국제관계는 그렇지 않습니다.

국제관계는 더욱 빈익빈 부익부로 흘러가고 있습니다. 가난한 국가들이 핵무기와 같은 강력한 무기를 가지게 되고, IS와 같은 반발들이 거세지면, 인류의 역사는 어디로 흘러갈지 예측하기 어렵습니다. 더구나 인터넷의 발달과 급속한 국제화로 인해, 이제는 1등 기업 하나를 제외하고는 모두 문을 닫아야 할지 모르는 무한 경쟁의 시대로 들어서고 있습니다. 그리고 이렇게 한번 굳어진 경제 구조는 역전을 허용하지 않을 것입니다. 영원한 '착취 - 피착취'의 구조가 고착되는 것입니다. 그리고 이러한 고착화는 혁명과 전쟁을 야기할 수밖에 없는 모순을 안고 있습니다.

7. 제도가 아닌 사람이 문제다

결국 공산주의든 자본주의든, 제도로는 착취의 문제를 극복할 수 없습니다. 하나님을 떠난 인간은 본질적으로 '착취하는' 존재입니다. 하나님을 떠난 순간, 필요를 채울 수 없게 되었기 때문입니다. 이는 선택이 아니라 운명입니다. 성경은 이를 '원죄'라고 표현합니다. 사람들은 원죄라는 인간의 본질을 무시한 채 인간을 중립적인 존재로 보려 합니다. 그래서 자원의 분배 구조를 잘 만들어놓으면 문제가 해결될 것이라고 기대합니다. 구조가 인간의 본질을 결정할 수 있다고 믿은 것이지요.

　많은 사상가들이 수많은 시스템과 제도를 통해 인간의 착취 문제를 해결하려 했지만, 모두 몸에 맞지 않는 옷이었습니다. 억지로 입혀봐야 곧 벗겨졌습니다. 왜냐하면 구조가 인간을 바꿀 수 없기 때문입니다. 그렇습니다. 인간이 바뀌기 전에는, 인간의 본질이 바뀌기 전에는 착취에 대한 근본적인 해결책은 없습니다. 본질이 구조를 선택하지, 구조가 본질을 바꾸지는 않습니다. 하나님을 떠난 인간에게 필요한 것은 사회 혁명이 아니라 인간 혁명입니다.

8. 하나님을 떠난 인간의 운명

인간은 서로를 착취하는 삶을 살고 있습니다. 공급선이 끊어졌기 때문입니다. 착취는 아무리 발버둥쳐도 피할 수 없는 인간의 본능이고 운명입니다. 목은 마른 데 수도관이 끊어졌기 때문입니다. 수도관 - 하나님의 공급선이 다시 이어지기 전까지는 아무리 벗어나려 해도, 벗어날 수 없습니다. 그래서 성경은 모든 사람이 죄를 범하였다고 이야기하고 있습니다. 이 착취의 구조에서 자유로운 사람은 한 사람도 없다는 것입니다. 또 스스로의 능력으로 이 착취의 구조에서 벗어날 수 있는 사람 또한 한 사람도 없습니다. 성경은 공급선이 끊어진 인간에 대해 이렇게 이야기합니다.

[롬 1:28-31] 또한 그들이 마음에 하나님 두기를 싫어하매 하나님께서 그들을 그 상실한 마음대로 내버려 두사 합당하지 못한 일을 하게 하셨으니 곧 모든 불의, 추악, 탐욕, 악의가 가득한 자요 시기, 살인, 분쟁, 사기, 악독이 가득한 자요 수군수군하는 자요 비방하는 자요 하나님께서 미워하시는 자요 능욕하는 자요 교만한 자요 자랑하는 자요 악을 도모하는 자요 부모를 거역하는 자요 우매한 자요 배약하는 자요 무정한 자요 무자비한 자라

그 마음에 하나님 두기를 싫어한 것, 이 원죄의 결과, 인간의 마음에는 '상실한 마음', 즉 채워지지 않는 필요가 생겼다는 것입니다. 그리고 이 필요를 채우기 위해 온갖 불법과 죄가 저질러진다는 것입니다. 이것이 우리가 보고 있고, 살고 있는 현실의 세계입니다.

9. 하나님께서 착취의 사슬을 끊으시다

그런데 여기 기쁜 소식이 있습니다. 하나님께서 이 망가져버린 착취의 세상 속으로, 하나님의 손을 놓쳐버린 인간을 찾아 들어오셨다는 것입니다. 그분이 바로 예수 그리스도이십니다.

[요 1:14] 말씀이 육신이 되어 우리 가운데 거하시매 우리가 그의

영광을 보니 아버지의 독생자의 영광이요 은혜와 진리가 충만하더라

그리고 이분으로 인해 불가능해 보이던 착취의 사슬에 금이 가기 시작합니다. 내가 빼앗겼기에, 나도 누군가의 것을 빼앗아야 하는, 착취에서 착취로 이어지는 원죄의 사슬에 금이 가기 시작한 것입니다. 예수 그리스도의 삶에는, 어떤 인간에게서도 발견할 수 없는 특별함이 있습니다. 그분은 한 번도 누구의 것을 착취하지 않으셨습니다. 어떻게 그것이 가능했는지 경이롭습니다. 예수께서는 그저 주고, 또 주고, 또 주셨습니다.

예수의 탄생부터가 그렇습니다. 창조주가 오시는데, 가장 초라한 모습으로 오셨습니다. 작은 나라의 왕이라도, 왕이 행차하면 동네에 난리가 납니다. 아니, 왕이 아니라 장군 한 사람만 떠도 작은 마을에서는 난리가 납니다. 읍장이 나와서 직접 환영하고, 동네에서 가장 좋은 음식점과 고급 호텔은 기본입니다. 그런데 천지를 창조하신 창조주, 우주의 주인이신 하나님이 직접 이 땅에 오셨는데 묵을 곳이 없어 말구유 위에 오십니다.

하나님이 그깟 방 하나 얻을 권세가 없으셨겠습니까? 아무나 지목해서 "야, 너 나와." 그리고 그 방에서 묵으시면 되지

요. 아마 천사들은 그렇게 하려고 했을 것입니다. "아니 주님, 아무리 그래도 그렇지, 마구간이 뭡니까? 잠깐만 기다리십시오. 제가 얼른 한 사람 끌어내고 방 하나 마련하겠습니다." 그러나 예수께서는 그렇게 하지 않으셨습니다. "아니, 그러지 마라. 그냥 둬라. 그 사람도 방이 필요하지 않니."

예수께서는 착취자가 아니셨습니다. 방이 필요했던 사람들의 필요를 빼앗지 않으셨습니다. 자신의 권리를 포기하심으로 추운 밤 따뜻한 잠자리가 필요했던 사람들의 필요를 긍휼과 사랑으로 채우셨습니다! 예수께서는 우리의 따뜻한 잠자리를 위해 자신은 마구간에서 묵으시는 분이십니다.

이렇게 시작된 예수의 생애는 끝까지 '주는 삶'으로 일관됩니다. 베데스다 연못의 38년 된 병자의 병을 고쳐주시고, 배고픈 5천 명에게 물고기와 떡으로 먹여주시고, 사람들에게 버림받았던 막달라 마리아에게 친구가 되어주십니다. 삭개오의 열등감을 치유해주시고, 군대 귀신 들린 자의 영혼을 해방시켜주십니다.

성경에 나타난 예수의 생애를 보면, 오직 주는 것뿐입니다. 한 번도 빼앗지 않으십니다. 주고, 또 주고, 또 주시다가 결국 목숨까지 주십니다. 이것이 십자가입니다. 십자가는 예수 생애의 클라이맥스였습니다. 가장 소중한 목숨까지 인간을 위해 주셨습니다.

예수께서는 그렇게 철저하게 공급자로 사셨습니다. 아무도 끊지 못했던, 운명처럼 우리를 얽어매던 착취의 사슬을 처음으로 끊으신 것입니다. 우리 인생을 얽어매던, 온 인류의 삶을 옭아매던 착취의 사슬을 예수께서 끊으셨습니다. 하나님을 떠난 인간에게 구원이 임했습니다.

구원은 이 예수의 손을 잡는 것입니다. 손을 잡음으로 나를 얽매던 착취의 사슬에서 벗어나는 것입니다. 잡은 손을 통해 전해지는 예수 그리스도의 새로운 공급함을 힘입어서 말입니다. 이것이 구원입니다.

이 손을 잡지 않으시겠습니까? 하나님이 주시는 새로운 공급이 여러분의 삶에 임할 것입니다. 정말입니다. 여러분을 얽매던 착취의 사슬이 끊어지고, 착취하는 자에서 벗어나 나누고 섬기는 자로 바뀌게 될 것입니다. 원래 하나님이 창조하신 아름답고 고귀한 모습으로 말입니다.

10. 어떻게 구원에 이를 수 있는가?

그렇다면 구원을 위해 구체적으로 무엇을 해야 할까요? 예수의 손을 잡는다는 것이 무엇을 뜻할까요? 성경은 이렇게 이야기합니다.

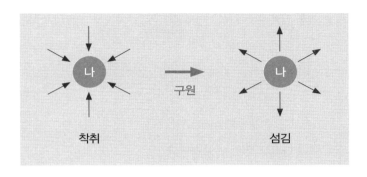

착취   구원   섬김

[막 5:25-34] 열두 해를 혈루증으로 앓아 온 한 여자가 있어 많은 의사에게 많은 괴로움을 받았고 가진 것도 다 허비하였으되 아무 효험이 없고 도리어 더 중하여졌던 차에 예수의 소문을 듣고 무리 가운데 끼어 뒤로 와서 그의 옷에 손을 대니 이는 내가 그의 옷에만 손을 대어도 구원을 받으리라 생각함일러라 이에 그의 혈루 근원이 곧 마르매 병이 나은 줄을 몸에 깨달으니라 예수께서 그 능력이 자기에게서 나간 줄을 곧 스스로 아시고 무리 가운데서 돌이켜 말씀하시되 누가 내 옷에 손을 대었느냐 하시니 제자들이 여짜오되 무리가 에워싸 미는 것을 보시며 누가 내게 손을 대었느냐 물으시나이까 하되 예수께서 이 일 행한 여자를 보려고 둘러 보시니 여자가 자기에게 이루어진 일을 알고 두려워하여 떨며 와서 그 앞에 엎드려 모든 사실을 여쭈니 예수께서 이르시되 딸아 네 믿음이 너를 구원하였으니 평안히 가라 네 병에서 놓여 건강할지어다

당시에는 불치병이었던 혈루증을 앓던 여인이 있었습니다. 어떤 의사도 그녀의 병을 고칠 수 없었습니다. 마치 착취라는 원죄의 병에 걸린 인간처럼 말입니다. 오히려 병이 더 심해졌습니다. 그녀가 생각합니다. '예수의 겉옷만 만져도 구원을 받겠다!' 그리고는 손을 내밀어 예수의 옷을 만집니다. 이에 그의 혈루 근원이 마르고 병이 나았습니다.

예수의 손을 잡았을 때, 착취의 근원이 마르고 병이 나았습니다. 예수께서 말씀하셨습니다. "네 믿음이 너를 구원하였으니 평안히 가라 네 병에서 놓여 건강할지어다!" 다시 말하면, "네 믿음이 공급이 끊어진 불안에서 너를 구원하였으니 평안히 가라. 착취의 원죄에서 놓여 건강할지어다!"입니다.

예수께서는 '믿음'으로 구원을 받는다고 이야기합니다. 예수께서 구원하실 수 있다는 믿음. 이 불치의 병에서 우리를 구원하실 수 있다는 간절한 믿음으로 손을 내밀 때, 그 믿음이 우리를 구원합니다. 이 간절함은 어떤 방법으로도 병을 치료할 수 없다는 것을 아는 데에서 나옵니다.

하나님을 떠난 인류가 겪고 있는 착취의 병은 어떤 의사도 고칠 수 없는 불치의 병입니다. 이 사실을 직시할 때, 우리는 간절함으로 손을 내밀게 됩니다. 여러분은 어떠십니까? 오늘 손을 내밀어 그분의 손을 잡지 않으시겠습니까? 예수께서는 오늘도 따뜻한 마음으로 여러분을 기다리십니다.

[계 3:20] 볼지어다 내가 문 밖에 서서 두드리노니 누구든지 내 음성을 듣고 문을 열면 내가 그에게로 들어가 그와 더불어 먹고 그는 나와 더불어 먹으리라

'손을 내민다는 것'은 믿음을 의미합니다. 저분의 손을 잡으면 내 병이 나을 것이라는 '믿음'이 손을 내밀게 합니다. 그렇다면 그 믿음은 구체적으로 어떤 믿음일까요?

첫째, 그것은 예수께서 '하나님'이심을 믿는 것입니다. 비록 인간의 몸을 입고 오셨지만, 그분은 하나님과 동등된, 하나님의 본체이십니다.

[빌 2:5-7] 너희 안에 이 마음을 품으라 곧 그리스도 예수의 마음이니 그는 근본 하나님의 본체시나 하나님과 동등됨을 취할 것으로 여기지 아니하시고 오히려 자기를 비워 종의 형체를 가지사 사람들과 같이 되셨고

성경은 이야기합니다. 그리스도 예수는 본질적으로 하나님의 본체이십니다. 비록 인간을 구원하시기 위해 인간의 몸을 입

으셨지만, 그분은 하나님이십니다. 믿음이란, 예수께서 하나님이시라는 사실을 믿는 것입니다.

둘째, 예수께서 '구원자'이심을 믿는 것입니다. 앞서 7장과 8장에서 살펴보았듯이, 예수께서 죄와 저주에서 우리를 구원하십니다. 이 사실을 믿어야 합니다.

셋째, 예수께서 '공급자'이심을 믿어야 합니다. 우리는 더 이상 이웃의 것을 착취하지 않아도 괜찮습니다. 안전합니다. 맞잡은 손을 통해 예수께서 새롭게 우리의 모든 필요를 공급하실 것이기 때문입니다.

구원이란 이 믿음을 가지고 착취하는 삶을 끊는 것입니다. 하나님께서 모든 것을 공급하신다는 사실을 믿음으로 말입니다. 그런데 여러분, 착취를 끊는 것은 쉽지 않습니다. 결단이 필요합니다. 그러나 믿음으로 과감하게 착취를 끊어보십시오.

"나는 착취하지 않는다. 하나님이 나의 모든 필요를 채워주실 것을 신뢰하기 때문에, 착취의 삶을 끊는다. 나는 다른 사람을 이용해 나의 외로움을 달래는 존재가 아니다. 나는 다른 사람의 친구가 되어줌으로 그의 정서적 필요를 채우는 존재다. 나는 돈을 움켜쥐고 나만을 위해 사용하는 존재가 아니라, 이 돈을 나눔으로 다른 사람들의 물질적 필요를 채우는 존재다. 또한 나는 하나님을 전함으로 다른 사람들의 영적인 필요를 채워주는 존재다."

이런 결단과 함께 착취하는 것을 과감하게 끊고, 하나님의 공급을 구해보십시오. 그때부터 하나님의 놀라우신 공급이 시작될 것입니다. 진짜입니다. 이것을 경험해보셔야 합니다. 그럴 때 비로소 우리의 삶이 '착취'에서 '섬김'으로 바뀝니다. 이것이 얼마나 큰 행복인지요! 하나님은 우리가 이 행복을 누리기를 원하십니다.

[막 10:26-28] 제자들이 매우 놀라 서로 말하되 그런즉 누가 구원을 얻을 수 있는가 하니 예수께서 그들을 보시며 이르시되 사람으로는 할 수 없으되 하나님으로는 그렇지 아니하니 하나님으로서는 다 하실 수 있느니라 베드로가 여짜와 이르되 보소서 우리가 모든 것을 버리고 주를 따랐나이다

제자들이 놀라서 예수께 물었습니다. "누가 구원을 얻을 수 있습니까?" 예수께서 대답하셨습니다. "사람으로는 불가능하다. 그러나 하나님께서는 하실 수 있다." 사람은 그 원죄로 인하여 착취의 삶을 스스로 멈출 수 없습니다. 불가능합니다. 마르크스도, 레닌도 그 누구도 성공하지 못했습니다. 그러나 하나님은 하실 수 있습니다! 하나님의 구원이 임할 때, 우리는 착

취의 사슬을 끊을 수 있습니다.

그러자 베드로가 대답합니다. "보소서, 우리가 모든 것을 버리고 주를 따랐나이다!" 베드로는 움켜쥐고 있던 모든 것을 내려놓았습니다! 착취의 사슬을 끊은 것입니다! 착취를 멈추고, 예수를 따르기로 결단한 것입니다.

하나님께서 제 통장의 모든 잔고를 필요한 곳에 나눠주라고 말씀하신 적이 있었습니다. 이런 일이 저에게 두 번 있었는데, 정말 쉽지 않았습니다. 목사임에도 불구하고, 큰 용기와 믿음이 필요했습니다. 비록 얼마 안 되는 통장 잔고였지만, 그것은 예상치 못한 상황을 대비한 마지막 보루였습니다. 혹시 가족들이 아프거나, 병원에 가야 할 일이 있을 때를 대비한 비상금이었으니까요.

그러나 그 잔고를 털어 필요한 곳에 헌금했던 날을 저는 잊지 못합니다. 그 자유와 행복! 비록 통장은 제로가 되었지만, 그곳에는 놀라운 자유와 행복이 있었습니다. 그리고 그 이후로 20년 가까운 세월 동안, 한 번도, 정말 단 한 번도 재정적으로 부족함을 느껴본 적이 없었습니다. 필요할 때마다, 생각지도 못했던 방법으로 재정이 채워졌고, 오히려 풍족했습니다. 저는 그것이 '하나님의 공급하심'임을 압니다.

우리는 착취하지 않아도 안전합니다. 하나님께서 저와 여러분의 필요를 채우실 것이기 때문입니다. 우리는 나눌 수 있는 존재이며, 형제의 필요를 채울 수 있는 존귀한 존재입니다. 맞아요, 여러분은 형제와 자매의 필요를 채울 수 있는 존귀한 존재입니다. 여러분의 태초의 정체성이 회복되기를 축복합니다. 여러분은 하나님의 형상으로 창조된 존재니까요.

[창 1:27] 하나님이 자기 형상 곧 하나님의 형상대로 사람을 창조하시되 남자와 여자를 창조하시고

하나님의 형상으로 창조된, 존귀하고 고귀한 여러분의 본모습이 회복되기를 축복합니다.

누구든지 예수를 믿고 하나님 안에서
새로운 삶을 시작할 수 있습니다

여러분의 삶의 문제는 해결되셨습니까? 여러분은 행복하십니까? 글쎄요. 여러분의 삶의 문제가 구체적으로 무엇인지는 모르지만, 원인은 알 수 있을 것 같습니다. 우리가 겪는 모든 고통의 궁극적인 원인은 하나이기 때문입니다. 그것은 우리 안에 있는 '하나님의 결핍'입니다. 하나님을 그 마음에 두기 싫어함으로 상실한 마음, 이 결핍이 우리를 고통스럽게 하는 원흉입니다.

주의 이름을 부르십시오

그러나 여기에 기쁜 소식이 있습니다. 그것은 하나님께서 다시 우리의 결핍을 채우시겠다고 약속하신 것입니다.

> 하나님이 세상을 이처럼 사랑하사 독생자를 주셨으니 이는 그를 믿는 자마다 멸망하지 않고 영생을 얻게 하려 하심이라 요한복음 3장 16절

영접하는 자 곧 그 이름을 믿는 자들에게는 하나님의 자녀가 되는 권세를 주셨으니 요한복음 1장 12절

누구든지 주의 이름을 부르는 자는 구원을 받으리라 로마서 10장 13절

여러분은 원래 하나님의 자녀입니다. 잃어버렸던 이 놀라운 권세를 다시 찾을 수 있습니다. 그리고 이것은 어려운 일이 아닙니다. 누구든지, 정말 누구든지 주의 이름, 예수의 이름을 부르는 자는 구원을 받습니다. 오늘 그 이름을 부르지 않으시겠습니까? 구원해달라고 불러보지 않으시겠습니까?

정직하고 단순하게 기도하십시오

기도는 어려운 것이 아닙니다. 그저 여러분 안에 있는 간절함을 감추지 않고 진솔하게, 종교적이지 않은 표현으로 하나님

께 이야기하는 것입니다. 36년 전, 제 삶에는 심각한 결핍이 있었습니다. 도무지 무엇으로도 만족할 수 없었고, 무엇을 해도 공허하고 허무했습니다.

어느 늦은 밤, 저는 제 방에서 혼자 기도를 시작했습니다.

"저는 하나님이 계신지 안 계신지 모르겠습니다. 그렇지만 계신다면 도움이 필요합니다. 저는 당신이 필요합니다. 저를 좀 도와주십시오."

이 솔직한 기도가 제 인생을 바꾸었습니다. 하나님이 저의 기도를 들으셨고, 정말로 제 인생을 풍성함으로 채우셨습니다. 기도는 어렵지 않습니다. 그저 여러분 안에 있는 것을 진솔하게, 감추거나 포장하지 말고, 창조주 하나님 앞에 쏟아놓는 것입니다.

하나님 없이 살아온 삶을 회개하십시오

또한 성경은 회개하라고 이야기합니다.

> 이르시되 때가 찼고 하나님의 나라가 가까이 왔으니 회개하고 복
> 음을 믿으라 하시더라 마가복음 1장 15절

어쩌면 여러분 인생에 '때가 찬 것'이, 이 책을 읽고 계신 지금일 수 있습니다. 하나님의 나라가 여러분에게 가까이 왔습니다. 회개하고 복음을 믿지 않으시겠습니까? 회개란, 내가 지은 죄를 하나하나 열거하는 것이 아닙니다. 회개는 '하나님 없이 살아온 삶'을 돌이키는 것입니다. 하나님이 없다고 했던 잘못을 고백하는 것입니다.

"하나님, 내가 잘못했습니다. 하나님 없이 살았던 내 삶의 모습이 결국 이것입니다. 저를 불쌍히 여기시고, 하나님의 빈

자리에 다시 돌아와 앉아주십시오."

이렇게 고백하지 않으시겠습니까? 여러분 인생에 지진이 일어날 것입니다. 하나님의 사랑이 여러분의 인생을 채우게 될 것입니다. 그리고 그 사랑으로 인해 여러분은 여러분이 얼마나 소중한 존재인지, 여러분이 하나님 앞에서, 그리고 사람 앞에서 얼마나 소중한 존재인지를 깨닫게 될 것입니다. 그리고 그 사랑이 여러분의 블랙홀을 빛으로 가득 채워 다시는 목마르지 않게 할 것입니다.

다시는 목마르지 않을 것입니다

내가 주는 물을 먹는 자는 영원히 목마르지 아니하리니 내가 주는 물은 그 속에서 영생하도록 솟아나는 샘물이 되리라 요한복음 4장 14절

다시는 목마르지 않을 것입니다.

PS 혹시 정기적으로 출석하는 교회가 없으시다면, 주변에 도움을 구할 교회를 찾으십시오. 크리스천이 된다고 하는 것은 '관계'입니다. 새로운 관계를 배우고 누려야 합니다. 누군가 여러분을 도와주고 가르쳐줄 사람이 필요합니다. 하나님께서는 교회를 통해 이 일을 행하십니다. 교회란 건물이 아니라 하나님을 믿는 사람들을 의미합니다. 누구든지 예수를 믿고 하나님 안에서 새로운 삶을 시작한 이들은 교회를 통해 보살핌을 받아야 합니다.

빌리브 갓

초판 1쇄 발행　2022년 10월 6일
초판 2쇄 발행　2022년 11월 15일

지은이　고성준

펴낸이　여진구
책임편집　안수경 김도연
편집　이영주 정선경 최현수 김아진 정아혜
책임디자인　조은혜 노지현 | 마영애 이하은
홍보·외서　진효지
마케팅　김상순 강성민 허병용　　마케팅지원　최영배 정나영
제작　조영석 정도봉　　경영지원　김혜경 김경희 이지수

303비전성경암송학교 유니게과정　박정숙
이슬비전도학교 / 303비전성경암송학교 / 303비전꿈나무장학회

펴낸곳　규장

주소　06770 서울시 서초구 매헌로 16길 20(양재2동) 규장선교센터
전화　02)578-0003　팩스　02)578-7332
이메일　kyujang0691@gmail.com　　홈페이지　www.kyujang.com
페이스북　facebook.com/kyujangbook　　인스타그램　instagram.com/kyujang_com
카카오스토리　story.kakao.com/kyujangbook
등록일　1978.8.14. 제1-22

책값　뒤표지에 있습니다.
ISBN 979-11-6504-362-9 03230

규 | 장 | 수 | 칙

1. 기도로 기획하고 기도로 제작한다.
2. 오직 그리스도의 성품을 사모하는 독자가 원하고 필요로 하는 책만을 출판한다.
3. 한 활자 한 문장에 온 정성을 쏟는다.
4. 성실과 정확을 생명으로 삼고 일한다.
5. 긍정적이며 적극적인 신앙과 신행일치에의 안내자의 사명을 다한다.
6. 충고와 조언을 항상 감사로 경청한다.
7. 지상목표는 문서선교에 있다.

> 하나님을 사랑하는 자 곧 그의 뜻대로 부르심을 입은 자들에게는 모든 것이 合力하여 善을 이루느니라(롬 8:28)

Member of the
Evangelical Christian
Publishers Association

규장은 문서를 통해 복음전파와 신앙교육에 주력하는 국제적 출판사들의 협의체인 복음주의출판협회(E.C.P.A:Evangelical Christian Publishers Association)의 출판정신에 동참하는 회원(Associate Member)입니다.